…rsichert

Das KONSUMENT
Versicherungsbuch

Welche Versicherungen man wirklich braucht

Alle Sparten im Überblick

Sparpotenziale nutzen

Polizzen prüfen

Die besten Angebote finden

Was tun im Schadensfall?

Verein für Konsumenteninformation (Hrsg.)
Susanne Spreitzer

Gut versichert

Das KONSUMENT-Versicherungsbuch
5., überarbeitete Neuauflage

Impressum

Herausgeber
Verein für Konsumenteninformation (VKI)
Linke Wienzeile 18, 1060 Wien
ZVR-Zahl 389759993
Tel. 01 588 77-0 | Fax 01 588 77-73 | E-Mail: konsument@vki.at
www.vki.at | www.konsument.at

Geschäftsführer
Mag. (FH) Wolfgang Hermann

Autorin
Mag. Susanne Spreitzer

Fachliche Beratung
Gabi Kreindl, VKI
Walter Hager, VKI
Mag. Silvia Doppler, VKI
Ewald Maitz, www.knowhow-versicherung.at

Lektorat
Gerhard Früholz

Grafik/Produktion
Günter Hoy

Stand
Oktober 2021

Foto Umschlag
Jirsak/Shutterstock.com

Druck
Holzhausen/Gerin Druck GmbH, 2120 Wolkersdorf

Bibliografische Information der Deutschen Nationalbibliothek
Die Deutsche Nationalbibliothek verzeichnet diese Publikation in der Deutschen Nationalbibliografie; detaillierte bibliografische Daten sind im Internet über <http://dnb.dnb.de> abrufbar.

Verein für
Konsumenteninformation
ISBN 978-3-99013-104-6

€ 19,90

Liebe Leser!

Versicherungen haben nicht gerade das beste Image. Der Grund liegt auf der Hand: Man zahlt für etwas, von dem man hofft, dass man es nie brauchen wird. Dazu kommt die Befürchtung, dass im Ernstfall vielleicht nur ein Teil des Schadens oder gar nichts ersetzt wird, weil die Polizze nicht hält, was man sich erwartet hat.

Der Skepsis steht ein immer größeres Bedürfnis nach Sicherheit gegenüber: Der allgemeine Lebensstandard ist hoch und es gibt viel an materiellen Gütern und Selbstverständlichkeiten zu verlieren. Wer sich dagegen wappnen will, muss auf Angebote privater Versicherer zurückgreifen – oder sich bewusst darauf einstellen, durch einen Unglücksfall unter Umständen am Existenzminimum oder gar mit Schulden leben zu müssen. Die Österreicher gehen lieber auf Nummer sicher: Rund 2.100 Euro gibt im Schnitt jeder pro Jahr für den Versicherungsschutz aus, und die Zahlen zeigen, dass an dem Motto „Besser eine Versicherung haben und nicht brauchen, als eine Versicherung brauchen und nicht haben" was dran ist. Von den rund 18 Milliarden Euro, die 2020 als Prämien an die Versicherer gingen, flossen immerhin 15,6 Milliarden Euro an Leistungen an die Versicherten zurück.

Dieses Buch soll Sie dabei unterstützen, so viel Geld wie nötig und so wenig Aufwand wie möglich in Ihren persönlichen Versicherungsschutz zu investieren. Das Angebot ist groß, der Markt bisweilen unüberblickbar und undurchschaubar. Dazu kommt, dass Digitalisierung und neue Technologien auch im Versicherungsbereich, vor allem in Vertrieb und Service, immer deutlichere Spuren hinterlassen. Völlig neue Fragen tun sich auf: Ist eine Cyberversicherung für Private sinnvoll? Was ist im Homeoffice gedeckt und was müssen Hobby-Drohnenpiloten beachten, damit ihnen nicht ein Himmel voller Schadensansprüche auf den Kopf fällt?

Erfahren Sie, wie Sie mit unserem Onlinetool „Risiko-Check" Ihren persönlichen Bedarf herausfiltern können, wo Angebotsvergleiche und Serviceleistungen via Internet hilfreich und zielführend sind, was App-Polizzen können und worauf etwa beim Versichern von SmartHomes, E-Cars und E-Bikes zu achten ist.

Mit Hilfe der Formulare im Anhang können Sie sich einen Überblick über Ihre finanziellen Möglichkeiten und die für Ihre Lebenssituation sinnvollen Basisversicherungen verschaffen. Checklisten zu den einzelnen Versicherungssparten unterstützen Sie vor einem Neuabschluss und beim Beratungsgespräch ebenso wie später beim regelmäßigen Polizzen-Check. Damit auch im Schadensfall und bei der Kündigung von Anfang an alles passt, gibt es Mustervorlagen, die nur noch mit den eigenen Daten zu ergänzen sind. Sowohl Checklisten als auch Musterbriefe sind auch über unsere Website unter **www.konsument.at/gut-versichert** downloadbar.

Keine Erwähnung finden Versicherungen mit dem Ziel der Kapitalanlage und des Vermögensaufbaus. Das schlechte bis katastrophale Abschneiden im Bereich der Erlebensversicherungen und der Prämienbegünstigten Zukunftsvorsorge in den vergangenen Jahren hat uns – leider – immer wieder aufs Neue darin bestärkt, dass Versichern und Ansparen nicht zusammengehören. Solche kombinierten Produkte, von denen wir abraten, berücksichtigen wir nicht.

Wir wünschen viel Erfolg bei der Auswahl und Zusammensetzung Ihres optimalen Versicherungs-Portfolios!

Ihr KONSUMENT-Team

VOM BEDARF ZUR POLIZZE: DIE ERSTEN SCHRITTE

SCHUTZ FÜR ALLE LEBENSLAGEN: VERSICHERUNGEN IM DETAIL

Von der Bestandsaufnahme bis zum Kleingedruckten

- Versicherungsbedarf einschätzen
- Bestehende Verträge optimieren
- Im Schadensfall und bei Kündigung richtig vorgehen

Die persönlichen Risiken ermitteln

Sich umfassend zu versichern, ist keine Hexerei. Angebote gibt es in großer Zahl und für jedes noch so ausgefallene Risiko. Doch rundum versichern ist teuer – und bei genauerer Betrachtung oft auch hinausgeschmissenes Geld. Denn nicht alles, was auf dem Markt angeboten wird, ist die Prämie wert. Und nicht jeder ist den gleichen Risiken ausgesetzt. Singles haben andere Sicherheitsbedürfnisse als Familien; ein Angestellter oder Beamter braucht ein anderes Versicherungsportfolio als ein Selbstständiger; ein am Beginn der Berufslaufbahn Stehender etwas anderes als ein angehender Rentner.

Versichern je nach Lebenslage

Auch die Wohnsituation (teure Miete oder ausbezahltes Eigentum mit niedrigen Betriebskosten) kann nach einem gröberen Unglücksfall einen Riesenunterschied bedeuten, ebenso der persönliche Besitz: Hat man viel an Elektronik, Technik, Einrichtung oder Sammelstücken zu verlieren oder ist man eher der Hauptsache-ein-Dach-über-dem-Kopf-und-zwei-Beine zum-Laufen-Typ?

Übersicht über das eigene Budget gewinnen

Und schließlich spielt eine bedeutende Rolle, was man sich überhaupt leisten kann. Denn selbst 50 Euro monatlich hier und 100 Euro da summieren sich übers Jahr gesehen zu einem stattlichen Betrag, der vielleicht an anderer Stelle dringend fehlt. Um zu wissen, was das Haushaltsbudget überhaupt hergibt, ist daher ein Haushaltsplan zu empfehlen, in dem alle Fixkosten aufgelistet sind. Ziel sollte sein, dass eine Reserve in Höhe von mindestens drei Monatseinkommen übrigbleibt, um unerwartete Ausgaben, etwa für Haushaltsgeräte, Autoreparatur und Ähnliches, bestreiten zu können.

HINWEIS

Tragen Sie in **Checkliste 1: Haushaltsplan** im Anhang alle fixen Kosten ein, die pro Monat anfallen, und finden Sie heraus, wie viel Sie für Versicherungen bereits ausgeben oder – falls noch ein dringender Risikoschutz ansteht – wie viel Sie erübrigen können.

Existenzbedrohendes zuerst

Um bei den Versicherungen die Prämien überschaubar zu halten, gehen Sie am besten nach dem **GAU-Prinzip** vor: Zuerst wird versichert, was für Sie persönlich zu den **G**rößten **A**nzunehmenden **U**nglücksfällen zählt und so richtig an die finanzielle Substanz gehen würde. Dazu gehören je nach Lebenssituation üblicherweise:

- bei Wohnungs- oder Eigenheimbesitzern ein Vollbrand, der sie obdachlos macht
- bei einer Familie Tod oder Berufsunfähigkeit des Haupt- oder Alleinverdieners
- bei Kindern, Schülern und Studenten ein Unfall mit schweren körperlichen Langzeitschäden
- bei selbst verschuldeten Unfällen oder Sachschäden hohe Haftpflichtforderungen von Geschädigten
- bei Pendlern, die auf ihr Auto angewiesen sind, der Verlust des Autos

Die Mehrzahl der existenzbedrohenden Risiken lässt sich relativ günstig durch Standardpolizzen wie Haushalts- und Haftpflicht-, private Unfall- und Risikoablebensversicherung abdecken. Einen grundlegenden Schutz bieten auch die gesetzlich vorgeschriebene Kranken-, Unfall- und Pensionsversicherung.

Verdienstausfall und Berufsnotwendiges

Neben den GAU-Risiken sollte das Augenmerk jenen Versicherungen gelten, die je nach den Lebensumständen ebenfalls noch eine wichtige Rolle spielen können:

- Bei Vielfahrern kann eine Kfz-Rechtsschutzversicherung sinnvoll sein, ebenso eine Kfz-Kasko vor allem in den ersten Jahren nach Kauf eines teuren Autos und insbesondere, wenn man es beruflich braucht;
- Selbstständige und Freiberufler sollten sich für den Fall eines Verdienstentgangs durch einen (längeren) Spitalsaufenthalt eine Verdienstausfall- oder Krankenhaus-Tagegeldversicherung überlegen;
- bei häufig ins Ausland Reisenden kann sich eine ganzjährige Auslandsreisekrankenversicherung lohnen;

Erst dann sollten Versicherungen auf der Liste stehen, die man vielleicht auch noch gerne hätte, wie etwa eine private Krankenversicherung, wenn man gern Wahl- und Privatärzte konsultiert und Wert auf die Unterbringung in Ein- oder Zweibettzimmern legt. Oder Polizzen, die man oft nur für eine bestimmte Zeit oder für einen bestimmten Anlass braucht, zum Beispiel eine Reisekrankenversicherung bei Reisen in Länder, wo die e-card nicht oder nur eingeschränkt gilt und die Behandlung teuer ist.

Die Basisversicherungen je nach Lebenslage:

Unentbehrliche Versicherungen je nach Lebenssituation

Personengruppe	Private Haftpflicht	Berufsunfähigkeit/ Private Unfall [1]	Haushalt/ Eigenheim	Risiko-Ableben
Minderjährige Kinder	✓	✓	✗	✗
Schüler, Studenten	✓	✓	○	✗
Atypisch Beschäftigte, Jungunternehmer, Selbstständige	✓	✓	✓	○
Singles	✓	✓	✓	✗
Alleinerziehende	✓	✓	✓	✓
Paare ohne Kinder	✓	✓	✓	○
Paare mit kleinen Kindern	✓	✓	✓	✓
Paare mit älteren Kindern	✓	✓	✓	○
Senioren	✓	✓	✓	✗

✓ notwendig/unverzichtbar, ○ möglich/sinnvoll, ✗ nicht notwendig/verzichtbar
[1] BU/Unfall: umfassend ist eine BU; oft ist sie allerdings zu teuer oder aufgrund von bestehenden Risiken nicht erhältlich

VKI-TIPP

Je nach individueller Situation sind unterschiedliche Basisversicherungen notwendig. Adaptieren Sie Ihr Versicherungsportfolio alle paar Jahre entsprechend dem jeweils gerade bestehenden Absicherungsbedarf.

Überblick gewinnen mit dem VKI-Risiko-Check

Eine wertvolle Unterstützung bei der Auseinandersetzung mit den eigenen Versicherungsrisiken und dem Absicherungsbedarf bietet der VKI-Risiko-Check.

Anonym und unentgeltlich können Interessierte unter unserer Website **https://konsument.at/risiko-check** anhand einer Schritt-für-Schritt-Anleitung eine Risikoanalyse ihrer Lebenssituation aus Versicherungssicht durchführen. Wo liegen individuell die gefährlichsten Schadensfälle? Wann kann es ohne entsprechende Absicherung existenzbedrohend werden? Wo sollten daher versicherungstechnisch die Prioritäten gesetzt werden? Und wo lässt sich eventuell etwas zurückschrauben, was kann man sich eher ersparen?

Anonyme und unentgeltliche Risikoanalyse

Neben einer Beschreibung des jeweiligen Versicherungsprodukts und Beispielen dazu sind auch Informationen zur Prämienhöhe oder Deckungssumme und Spartipps abrufbar.

Abschließend wird ein Report erstellt, der detailliert auf die individuellen Lebensrisiken eingeht, den aktuellen Versicherungsstand noch einmal zusammenfasst, möglichen Bedarf auflistet und jede Produktkategorie einzeln anführt. Ausgehend vom Personenprofil werden dazu teilweise auch konkrete Vorschläge zu Versicherungssummen angegeben oder auch allgemeine Mindestdeckungssummen empfohlen.

Mit diesem Grundstock ausgerüstet kann man optimal vorbereitet in das Gespräch mit Versicherungsberatern und an die Auswahl von konkreten Versicherungsangeboten bzw. den Check bestehender Produkte gehen. Denn: Je besser man bereits darüber Bescheid weiß, was man brauchen könnte, was man vielleicht aufgrund geringer Gefahren oder hoher Versicherungskosten im Fall des Falles lieber selbst übernimmt oder was man sich einfach nicht leisten will bzw. kann, umso besser und zielgerichteter kann die Beratung ausfallen.

Bestandsaufnahme

Sobald geklärt ist, was der persönlichen Lebenssituation entsprechend unbedingt notwendig ist und was darüber hinaus sinnvoll wäre, ist es an der Zeit, die Versicherungsmappe hervorzuholen und sich einen Überblick über das eigene Versicherungsportfolio zu verschaffen: Was besteht bereits und ist zu adaptieren, was sollte neu dazukommen?

Im Anhang finden Sie dazu eine Übersichtstabelle, in der Sie Ihre bestehenden Polizzen samt (monatlichen oder jährlichen) Prämienbeiträgen und Kündigungsmöglichkeiten eintragen können. Die dazu erforderlichen Daten finden Sie in der jeweiligen Polizze oder in den Zusendungen, die Sie seither vom Versicherer erhalten haben.

Änderungsbedarf und neue Risiken

Die Angabe der Daten zeigt auch auf, wann Ihre jeweiligen Versicherungen zum letzten Mal aktualisiert wurden. Bei lange bestehenden Polizzen (mit Ausnahme von Kranken- und Rechtsschutz) ist ein Prämienvergleich dringend anzuraten. Den Wechsel einer privaten Zusatzkrankenversicherung oder einer Rechtsschutzversicherung sollten Sie sich allerdings besonders genau überlegen oder sich dazu von Fachleuten beraten lassen.

In der Spalte „Änderungen" können Sie zu jeder Polizze notieren, ob und was sich an Ihren Lebensumständen möglicherweise verändert hat und wo daher ein Adaptierungsbedarf besteht.

Herrscht Klarheit über den aktuellen Bestand, wird es Zeit für den nächsten Schritt: das Einholen von Vergleichsangeboten für vorhandene Polizzen und die Suche nach notwendig gewordenem neuen Versicherungsschutz.

HINWEIS

Verschaffen Sie sich mit Hilfe der **Checkliste 2: Polizzenübersicht** einen Überblick über Ihr bestehendes Versicherungsportfolio, die Prämien, die Sie aktuell zahlen, und den notwendigen Aktualisierungsbedarf.

Passende Angebote finden

Es wird mehr verglichen und weniger gewechselt

Kundentreue über Jahrzehnte, ein und derselbe Versicherer für das gesamte Polizzen-Portfolio einer Familie, blindes Vertrauen in einen einzigen Vermittler – das war einmal. Heute herrscht auch im Versicherungsbereich ein reges Kommen und Gehen, die Bereitschaft zu vergleichen und den Versicherer auch immer wieder einmal zu wechseln, hat sich drastisch erhöht. Dazu beigetragen hat neben kürzeren Laufzeiten und verbesserten Kündigungsmöglichkeiten vor allem das Internet: Dort kann man einfach und blitzschnell einen Blick auf die Angebote der Konkurrenz werfen und ein Gespür für die Preisbandbreite am Markt erhalten.

Für die weiteren Schritte wird aber nach wie vor die persönliche Beratung gesucht: Erst rund acht Prozent der Österreicher haben jemals online eine Polizze abgeschlossen. Speziell beim Vertrieb von stark erklärungsbedürftigen Versicherungsprodukten sind auch in Hinkunft Versicherungsberater gefragt.

Eine hilfreiche Option sind die wachsenden digitalen Serviceangebote der Versicherer, wie etwa die Kommunikation per E-Mail und Social Media, die Möglichkeit zu Online-Schadensmeldungen oder zur Verwaltung der eigenen Polizzen über ein Kundenportal.

Vergleichsplattformen

Egal ob man eine neue Polizze abschließen will oder bei einer bestehenden wieder einmal prüfen möchte, wie man mit der Prämie liegt: Die Nutzung des Internets als erstem Informationskanal ist mittlerweile weit verbreitet. Die Vorteile liegen auf der Hand: Ohne mit jemandem einen Termin vereinbaren zu müssen, kann man sich rund um die Uhr rasch einen ersten Überblick zu einer bestimmten Versicherung verschaffen und anhand der Fragen und Angaben bei Online-Vergleichen nebenbei gleich ein wenig die Materie kennenlernen. Das hilft, präzisere Entscheidungen für den eigenen Bedarf zu treffen.

Kein Komplettüberblick über den Markt

Ein großes Problem aller Vergleichsportale ist, dass sie nicht den gesamten Markt abdecken, also nicht alle Anbieter und schon gar nicht alle Angebotsvarianten einbeziehen. Oft sind günstige Direktversicherer nicht im Vergleich enthalten, denn hier fallen auch keine Provisionen für den Vermittler an. Einige Versicherungsanbieter nehmen nicht teil, weil sie entweder nicht im direkten Preisvergleich aufscheinen möchten oder ihre Produkte in erster Linie über ihre Außendienstmitarbeiter absetzen wollen. Große Anbieter oder Direktversicherer müssen dann von interessierten Kunden erst recht wieder separat angefragt werden. Auch spezielle Rabatte oder Deckungserweiterungen, die von Versicherern oft nur für einen begrenzten Zeitraum oder Personenkreis angeboten werden, sind nicht berücksichtigt.

Für die Kunden bedeutet das, sich nicht allein auf die Online-Vergleiche zu verlassen. Um zu einem optimalen Produkt zu kommen, sollten auch andere Vertriebswege der Versicherer genutzt werden – etwa der direkte Kontakt zu Anbietern oder Beratungsgespräche mit Maklern. Letztere arbeiten übrigens auch oft mit diesen Vergleichsportalen. Sprechen Sie sie also direkt darauf an, wenn große Anbieter nicht im Vergleich aufscheinen, oder holen Sie selbst noch zusätzlich ein Angebot bei diesen ein.

Online-Vergleichsplattformen im KONSUMENT-Check

Das spricht dafür

- Bieten erste Orientierung und Information.
- Jederzeit und ohne großen zeitlichen Aufwand zu nutzen.
- Verschaffen Fachwissen durch die Beschäftigung mit dem Thema.
- Bringen einen groben Überblick und Einblick in einen oft sehr vielfältigen, intransparenten Markt.

Das spricht dagegen

- Nicht alle Marktanbieter sind in den Vergleichen enthalten, was besonders problematisch ist, wenn die Marktführer fehlen.
- Zeigen mitunter nicht alle Möglichkeiten auf, individuelle Anforderungen bleiben so unberücksichtigt.
- Die detaillierte Auseinandersetzung mit dem Thema überfordert manche Verbraucher; die Fragen sind vielen oft zu komplex oder unklar. Unsicherheiten bleiben bestehen.
- Nur ein Teil des Versicherungsangebots wird dargestellt; Rabatte, Sonderkonditionen, Deckungserweiterungen, zeitlich begrenzte Aktionen usw. sind meist nur im direkten Kontakt mit Versicherungsmitarbeitern oder Maklern erhältlich bzw. nutzbar.

VKI-TIPP

- Online-Plattformen sind hilfreich und informativ. Sie vergleichen aber nur einen Teil der Versicherungen auf dem Markt und liefern auch nicht automatisch das optimale oder günstigste Angebot. Rabatte und Sonderkonditionen einzelner Versicherer werden oft nicht berücksichtigt.
- Um die Vergleichsportale bestmöglich nutzen zu können und zu einem aussagekräftigen Ergebnis zu kommen, ist oft eine lange Liste an Detailfragen zu beantworten. Legen Sie sich wichtige Unterlagen bereit – etwa den Zulassungsschein für eine Kfz-Versicherung, den Mietvertrag bzw. technische Daten zum Haus für Eigenheim- und Haushaltsversicherung.
- Informieren Sie sich mittels Online-Vergleichsportalen über die aktuellen Prämienbandbreiten und konfrontieren Sie Ihren bisherigen Versicherer mit den Konkurrenzangeboten.

Vermittler, Agenten, Makler

Gute Beratung – woher nehmen?

Auch mit allerlei Unterstützung aus dem Internet: Versicherungsbedingungen sind für Laien meist schwere Kost und das Angebot auf dem Versicherungsmarkt oft kaum zu überblicken, geschweige denn zu durchschauen. Dazu tragen recht unterschiedlich gestaltete Konditionen, Leistungsumfänge, Versicherungssummen, Ausschlüsse, Selbstbehalte und noch vieles mehr bei. Für komplexere Sparten wie Kranken-, Rechtsschutz- oder Berufsunfähigkeitsversicherung ist ohnedies dringend professionelle Beratung vor einem Abschluss zu empfehlen – doch an wen wenden, wenn man noch nicht den Versicherungsexperten seines Vertrauens gefunden hat?

Oft führt der erste Weg zum Vermittler über einen Tipp aus Verwandtschaft oder Bekanntschaft. Das kann bei guten Erfahrungen durchaus sinnvoll sein, aber nicht jeder Vermittler ist ein Experte in allen Versicherungssparten. Auch die Berufsbezeichnung gibt wenig preis: Ob sich jemand Versicherungsvermittler, Agent, Experte oder ähnlich nennt, ist irrelevant, weil damit keine fachlichen Voraussetzungen verbunden sind. Informieren Sie sich daher in jedem Fall über seinen offiziellen (gewerberechtlichen) Status, denn dieser sollte Ihnen bereits einiges über die Art seiner Tätigkeit verraten.

Versicherungs-vermittler-register

Hilfe dabei kann das Versicherungsvermittlerregister leisten. Darin müssen alle Personen, die Versicherungen vermitteln wollen, mit ihren relevanten Daten eingetragen sein (im Internet ist das Vermittlerregister abzurufen unter http://versicherungsvermittler.brz.gv.at ► „Suche"). Durch die verpflichtende Eintragung in dieses Register kann jeder Interessierte nachvollziehen, mit wem er es zu tun hat und über welche Berechtigung der Vermittler verfügt. Weiters ist durch den Eintrag gewährleistet, dass der Vermittler über ausreichende Haftungsabsicherungen verfügt (Berufshaftpflichtversicherung, Deckungsgarantie, Haftungserklärung). Damit sind allfällige Schäden von Kunden, verursacht durch mangelhafte oder falsche Beratung, bis zu 1,85 Millionen Euro pro Jahr abgedeckt.

Das Who's who der Vermittler

- **Versicherungsagent.** Arbeitet haupt- oder nebenberuflich (mit Gewerbeberechtigung) für ein Versicherungsunternehmen und vertreibt ausschließlich dessen Produkte.
- **Außendienstmitarbeiter.** Arbeitet so wie der Versicherungsagent, allerdings angestellt, für einen einzigen Versicherer.
- **Mehrfachagent.** Ist haupt- oder nebenberuflich (mit Gewerbeberechtigung) für mehrere, ganz bestimmte Versicherungsunternehmen tätig. Der Unterschied zum Makler liegt darin, dass es sich um eine beschränkte Zahl an Anbietern handelt.
- **Nebengewerblicher Vermittler.** Arbeitet (beispielsweise als Kfz-Händler) meist nur mit einem bestimmten Versicherer zusammen, der auch die Bestätigung seiner fachlichen Eignung für den unerlässlichen Eintrag im Versicherungsvermittlerregister übernimmt.
- **Versicherungsmakler/Berater in Versicherungsangelegenheiten.** Ist an keine Versicherungsgesellschaft gebunden und im Auftrag des Kunden tätig. Vermittelt Produkte jedes auf dem Markt befindlichen Versicherers. In Vergleichstests legten die Makler oft günstigere Angebote vor als die Versicherer selbst.
- **Gewerblicher Vermögensberater.** Arbeitet als unabhängiger Finanzdienstleister und hat in dieser Funktion auch das Recht auf Vermittlung von Lebens- und Unfallversicherungen.

Vergleichs-angebote aus dem gesamten Markt

Neben Vermittlern und Agenten haben sich in den vergangenen Jahren immer mehr unabhängige „Versicherungsmakler und Berater in Versicherungsangelegenheiten" einen fixen Platz im Vertriebsbereich erarbeitet. Sie sind nicht vertraglich an eine oder mehrere Versicherungsgesellschaften gebunden, sondern sollen nach dem Best-Advice-Prinzip das für den jeweiligen Bedarf am besten geeignete Versicherungsprodukt aus dem gesamten Marktangebot herausholen. Auch sie stehen ihren Kunden im Schadensfall zur Seite, manche bieten – gegen einen kleinen Unkostenbeitrag – einen alljährlich durchgeführten Polizzencheck an, sodass man sich nicht selbst darum kümmern muss, ob Kfz-, Haushalts- und andere Versicherungen mit kurzer Laufzeit und viel Bewegung im Prämienbereich noch aktuell sind.

VKI-TIPP

Wenn Sie noch auf der Suche nach einem guten Berater sind, kontaktieren Sie mehrere unabhängige Makler. Damit erhalten Sie nicht nur eine gute Übersicht über die aktuellen Marktangebote, sondern können auch vergleichen, welcher am ehesten dem Best-Advice-Prinzip entspricht. Bedenken Sie dabei aber auch: Das billigste Angebot ist nicht immer das beste. Gute Nachbetreuung (etwa durch regelmäßigen Polizzencheck) und eine zuverlässige Abwicklung im Schadensfall sind mehr wert als eine um ein paar Euro günstigere Prämie.

HINWEIS

Selbst der beste Berater kann nur dann optimal arbeiten, wenn er weiß, was sein Kunde will. Bereiten Sie sich daher mit Hilfe der **Checkliste 3: Vorbereitung auf das Beratungsgespräch** umfassend vor, um gemeinsam mit dem Versicherungsexperten zielgerichtet einen leistbaren, vernünftigen Versicherungsschutz zusammenzustellen.

Online und per App versichern

Wer bereits die Preise verglichen hat und weiß, was er will oder braucht, kann sich an einen spezialisierten Online-Direktversicherer wenden oder über eine der Vergleichsplattformen eine Polizze erwerben. Auch die Versicherungsgesellschaften selbst bieten mittlerweile auf ihren Websites meist die Möglichkeit zu einem Online-Abschluss an. Hierzulande liegt dieser Absatzweg aber noch im niedrigen einstelligen Prozentbereich und beschränkt sich vorwiegend auf eher einfachere Produkte wie Reiserücktritts- und Flugstornopolizzen. Zu Recht, denn für kompliziertere Produkte – wie private Kranken- oder Rechtsschutzversicherungen – ist nach wie vor eine persönliche Beratung unbedingt zu empfehlen.

Nur für einfache Polizzen geeignet

Beispiel Kfz-Versicherung: Auf den ersten Blick könnte man meinen, es reiche, die eigenen Daten, die des Autos sowie Fahrgewohnheiten und persönliche Umstände (Vielfahrer, Sonntagsfahrer, Alleinbenutzer; Familienauto) in ein elektronisches Formular einzugeben und auf Knopfdruck die Prämie errechnen zu lassen. Auf die Höhe der Prämie allein kommt es aber nicht an, denn das billigste Produkt ist nicht zwangsläufig das für den eigenen Bedarf am ehesten geeignete. Allem voran ist wichtig, auch auf den Leistungsumfang, also die Deckung, und die Höhe der Versicherungssumme zu schauen.

Außerdem sind Online-Polizzen nicht automatisch günstiger als herkömmlich abgeschlossene Verträge, wie beispielsweise Angebotsvergleiche im Bereich Kfz gezeigt haben. Ein Grund dafür ist, dass standardisierte Berechnungsformulare nur ganz bestimmte Parameter vorgeben und berücksichtigen. Individuelle Einschränkungen oder Schwerpunkte fallen dabei unter den Tisch. Noch wichtiger ist aber die unterschiedliche Provisions- und Rabattgestaltung. So gibt es beim Versicherungsabschluss über einen Vermittler oft spezielle Rabatte oder zeitlich begrenzte Aktionstarife. Ein Makler erhält außerdem aufgrund großer Stückzahlen häufig bessere Konditionen oder hat Spezialvereinbarungen für seine Kunden ausverhandelt. Das fällt bei automatisiert erstellten Verträgen weg.

Problematisch ist auch, dass die Allgemeinen und Besonderen Versicherungsbedingungen, aber auch Ausschlüsse bei den Online-Angeboten nicht immer leicht zu finden sind. Wer sich aber hinsichtlich des Produkts und auch der versicherten Inhalte sicher ist, kann durchaus auch online abschließen.

Versichern per App

Das Versichern über Mobile Apps beschränkt sich derzeit noch eher auf Kurzzeit-Polizzen, wie etwa eine Unfallversicherung vor einem Wochenende in den Bergen oder eine Reiseversicherung für den zweiwöchigen Urlaub. Speziell für Digital Natives, also die erste Generation, die mit Smartphones, Tablets sowie Handy-Apps aufgewachsen ist, wird dem Versichern über digitale Kanäle aber ein großes Potenzial zugeschrieben. Auf den ersten Blick wirken die Mini-Versicherungen auch praktisch: Bereits auf dem Flughafen oder im Zug, können noch rasch Notfälle wie Krankheit, Unfall oder Verletzung, aber auch Diebstahl oder Schäden an der Ausrüstung versichert werden. Die abgespeckten Versionen umfassender Versicherungen sind leichter verständlich und oft schon um einige Cent oder Euro pro Tag zu haben.

Last-Minute-Versicherungen für Kurzreisen

Verbraucherschützer sehen die „Polizzen-to-go" aber mit gemischten Gefühlen: Kaum jemand wird sich auf dem Mini-Bildschirm genau durchlesen, was er da abschließt. Deckung, Leistungsumfang, Ausschlüsse, Versicherungssumme sind oft dementsprechend mickrig. Auch das Preis-Leistungs-Verhältnis passt nicht: Gute Auslandsreisekrankenversicherungen beispielsweise kosten oft nur einige Euro mehr, gelten für ein Jahr und bieten deutlich mehr Schutz.

Digitaler Versicherungsordner

Hilfreich könnten Versicherungs-Apps hingegen im Servicebereich sein. Laut einer Studie des Finanz-Marketing-Verbands erfuhren Online-Services in jüngster Zeit einen Digitalisierungsschub. Immer beliebter wird,

Hilfreiche Online-Services

- Schadensmeldungen per E-Mail oder über die Website des Versicherers einzubringen,
- die Schadensbearbeitung im Internet mitzuverfolgen oder
- seine Polizzen im Kundenportal des eigenen Versicherers zu verwalten.

In Kunden-Apps, die von Versicherern oder auch Maklern kostenlos zur Verfügung gestellt werden, können die eigenen Dokumente hinterlegt und der gesamte Schriftverkehr digital abgewickelt werden. Mit sogenannten Fintech-Apps (Fintech = Kurzwort für Finanztechnologie) können Versicherte ihre gesamten Polizzen per Computer, Tablet oder Smartphone auch gebündelt auf einer Plattform verwalten. Gleichzeitig bieten die hinter den Plattformen stehenden Finanz-Start-ups ihren Kunden neue Versicherungen an. Dazu werden bestehende Polizzen mit den Angeboten der jeweiligen Partnerversicherer verglichen und eventuell neue Tarife angeboten. Der Nachteil daran: Jede Plattform arbeitet nur mit bestimmten Anbietern zusammen und zieht nicht den gesamten Markt zum Vergleich heran. Somit ist auch hier bei jedem Angebot oder Wechselvorschlag aufs Neue zu prüfen: Ist das wirklich sinnvoll oder will hier jemand vor allem Provision einstreifen?

Online- und App-Polizzen im KONSUMENT-Check

Das spricht dafür

- Rund um die Uhr und ohne großen zeitlichen Aufwand zu nutzen.
- Man kann sich auch „last minute", zum Beispiel am Tag vor einer Reise, vor einem Ski- oder Wanderwochenende, noch schnell versichern.
- Vom Abschluss bis zu einer eventuellen Schadensmeldung ist alles online erledigbar.
- Wer nicht möchte, braucht sich keinem Verkaufsgespräch aussetzen.

Das spricht dagegen

- Man muss sich zuvor selbst informieren, vergleichen, einlesen und verstehen, was man abschließt.
- Es handelt sich um standardisierte Polizzen, individuelle Bausteine oder Zusätze sind nicht verfügbar.
- Nicht alle Anbieter informieren ausreichend über Geschäftsbedingungen, Ausschlüsse, Rücktrittsrecht und gesetzliche Grundlagen.
- Bei spontan zwischen Tür und Angel abgeschlossenen App-Versicherungen droht das Kleingedruckte noch mehr als sonst unter den Tisch zu fallen.
- App-Versicherungen suggerieren Schutz, sind bei Deckung und Versicherungssummen aber oft völlig unzureichend.
- Obwohl die Beratungsleistung wegfällt, sind Online-Verträge nicht immer günstiger als herkömmlich abgeschlossene Polizzen.
- Ausländische Versicherungsprodukte können sich vom Leistungsumfang und den Ausschlüssen her deutlich von heimischen Produkten unterscheiden.

Die wichtigsten Punkte in der Polizze – das Kleingedruckte

Jede Polizze enthält bestimmte Fixpunkte, die den finanziellen und zeitlichen Rahmen einer Entschädigungsleistung abstecken. Dazu zählen neben der Laufzeit des Vertrags, der Prämienhöhe und der Kündigungsfrist vor allem der Deckungsumfang, die Ausschlüsse und sonstigen Leistungsbeschränkungen sowie die Höhe der Versicherungssumme. Dazu kommen je nach Versicherungssparte und persönlichen Voraussetzungen etwa Selbstbehalte, die Anzahl Mitversicherter oder der Gültigkeitsbereich.

Auch wenn sich die Details bei den einzelnen Versicherungsprodukten unterscheiden, ist es wichtig zu wissen, was hinter diesen Begriffen steckt und worauf dabei im Allgemeinen zu achten ist. In den Checklisten zu den wichtigsten Versicherungen im Anhang sind diese Parameter jeweils detaillierter angeführt, zum Beispiel Hinweise auf die marktüblichen Versicherungssummen und Laufzeiten.

Laufzeit

Zeitversicherung oder dauernde Versicherung

Versicherungsverträge können auf eine bestimmte Zeit („Zeitversicherung") oder auf unbestimmte Zeit („dauernde Versicherung") abgeschlossen werden. Im ersten Fall laufen sie automatisch zur vereinbarten Zeit aus, im zweiten durch Kündigung des Versicherungsnehmers oder des Versicherers.

Eine für alle Verträge gleich sinnvolle Laufzeit gibt es nicht, aber tendenziell sollte auf eine möglichst kurze Bindung geachtet werden, um besser auf das ständig neue Marktangebot reagieren zu können. Bei Kfz-Haftpflichtversicherungen sind daher heute jährlich kündbare Verträge üblich.

Rechtsschutzversicherungen werden nicht zuletzt aufgrund langer Wartezeiten auf drei bis zehn Jahre abgeschlossen. Eine Ausnahme bilden auch Personenversicherungen wie die private Krankenversicherung: Hier ist der Versicherer in vielen Fällen auf Lebzeiten an den Vertrag gebunden. Der Versicherungsnehmer kann grundsätzlich nach einer Bindefrist von zwei bis drei Jahren jederzeit kündigen.Der Versicherungsschutz beginnt üblicherweise nach Zahlung der ersten Prämie, bei Rechtsschutz und Krankenversicherung setzt die Deckung erst nach mehreren Monaten Wartefrist ein.

Deckungsumfang und Leistungseinschränkungen

Was und wer ist versichert?

Unter dem Punkt Leistungen oder Deckungsumfang sind in der Polizze alle Risiken angeführt, für die Ersatz geleistet wird. In den Bedingungen gibt es auch klare Hinweise zum Thema „Was ist nicht versichert?" – hier sind die wesentlichen Ausschlüsse genannt. Auch eine Antwort auf die Frage „Wer ist versichert?" lässt sich der Polizze entnehmen. Das ist vor allem bei der Mitversicherung von Angehörigen wichtig. Was nicht aufgelistet ist, ist auch nicht gedeckt. Sind also etwa in einer Haushaltsversicherung Glasschäden nicht erwähnt oder bestimmte Schäden („ausgenommen …") ausgeschlossen, werden sie nicht erstattet.

VKI-TIPP

Sie haben mit einem Berater im Versicherungsantrag die Eckpunkte, mögliche Zusätze oder Deckungserweiterungen schriftlich vereinbart, doch die zugesandte Versicherungspolizze weicht davon ab? Dann können Sie innerhalb eines Monats ab Empfang der Polizze schriftlich widersprechen, wenn Sie auf die Abweichung hingewiesen wurden. Ansonsten gilt, dass Sie die Abweichungen genehmigt haben. Weist der Versicherer auf die Abweichungen vom Antrag nicht hin, gilt der Inhalt des Antrags.

Je nach Versicherungstyp können auch mehrere Personen in einer Polizze versichert werden. Möchten Sie eine Versicherung für die gesamte Familie, den Partner oder den Haushalt abschließen, sollten Sie auch unbedingt genau nachlesen, wer mitversichert ist und ob für andere Personen ein eingeschränkter Schutz besteht. Oft müssen bestimmte formale Erfordernisse erfüllt sein, damit jemand mitversichert ist, zum Beispiel eine aktuelle behördliche Meldung (Meldezettel) am selben Wohnsitz. Nur am selben Ort zu wohnen, ist dann nicht ausreichend.

Versicherungssumme

Sie gibt Aufschluss darüber, was bei einem konkreten Schaden vom Versicherer maximal geleistet wird. Die oft sechs- bis siebenstelligen Beträge wirken auf den ersten Blick riesig. Da beim Versichern aber immer nach dem GAU-Prinzip (► Seite 11) vorgegangen werden sollte, wäre Sparen hier fehl am Platz, etwa wenn es wirklich zu einem Vollbrand, zu einer durch Sie verursachten Massenkarambolage, einer Invalidität oder ähnlichen Katastrophen kommen sollte.

Über- oder Unterversicherung vermeiden

Die Versicherungssumme lässt sich oft gegen wenige Euro deutlich erhöhen. Informieren Sie sich mit Hilfe von Vergleichsplattformen oder durch Gespräche mit mehreren Beratern genau über die zu Ihrer individuellen Situation passende Versicherungssumme. Wird sie zu hoch angesetzt, besteht Überversicherung: Der Versicherte erhält trotzdem nur den Wert der versicherten Sache ersetzt, hat dafür aber vielleicht über Jahre zu viel Prämie gezahlt. Wird sie zu niedrig angesetzt, spricht man von Unterversicherung: Der Versicherte hat zwar eine geringere Prämie gezahlt, erhält im Schadensfall dann aber auch nur eine anteilige Leistung.

Beispiel Eigenheimversicherung

Überversicherung. Das Haus ist auf 200.000 Euro versichert, der tatsächliche Wert liegt aber nur bei 175.000 Euro. Dann würden zum Beispiel bei einem Vollbrand auch nur 175.000 Euro ersetzt.
Unterversicherung. Die Versicherungssumme für das Haus wurde auf 175.000 Euro festgelegt, tatsächlich wäre die Wiederherstellung eines gleichwertigen Heims aber mit 200.000 Euro zu veranschlagen gewesen. Dann ist die Differenz von 25.000 Euro aus eigener Tasche zu zahlen.

Auch bei Teilschäden gibt es im Fall einer Unterversicherung anteilig weniger Leistung vom Versicherer. Beispiel: Der entstandene Schaden beläuft sich auf 2.000 Euro, vom Versicherer werden dann nur 1.750 Euro geleistet.

Prämienhöhe

Wie hoch die Prämie ausfällt, hängt neben dem Deckungsumfang und der Anzahl der Versicherten noch von weiteren Faktoren ab. So kann etwa das Alter eine wichtige Rolle spielen:

Bei der Kfz-Haftpflicht fällt die Prämie für Jüngere (bis 25 Jahre) oft höher aus als für erfahrene Lenker. Genau umgekehrt ist es bei der Kranken- und Pflegeversicherung: Je jünger, desto günstiger die Prämie. Auch Vorerkrankungen können hier die Prämie deutlich erhöhen.

Prämiensenkend wirken sich Selbstbehalte aus: Das heißt, im Schadensfall wird ein Teil des Schadens aus eigener Tasche beglichen. Erst was darüber hinausgeht, wird vom Versicherer bezahlt. Dabei kann es sich um einen konkreten Betrag („1.000 Euro pro Schadensfall") handeln. Häufiger wird jedoch ein Selbstbehalt mit einem Prozentanteil der Schadenssumme und einem Mindestbetrag vereinbart. Beispiel: Ein Selbstbehalt von fünf Prozent/mindestens 200 Euro bedeutet, dass der Versicherte im Schadensfall fünf Prozent der Schadenssumme oder mindestens 200 Euro selbst bezahlen muss.

Selbstbehalte als fixer Betrag oder Prozentanteil

Selbstbehalte im KONSUMENT-Check

Das spricht dafür

- Können die Prämie deutlich reduzieren; bei Zusatzkrankenversicherungen zum Beispiel um 30 bis 60 Prozent, bei Haushaltsversicherungen um rund 20 Prozent, wenn kleinere Schäden zwischen 70 und 100 Euro selbst bezahlt werden; bei der Kfz-Haftpflicht um ca. 10 bis 20 Prozent, bei der Kasko sogar zwischen 10 und 50 Prozent.
- Sinnvoll, wenn man in erster Linie existenzgefährdende oder ins Geld gehende Risiken absichern will (zum Beispiel Brand bei der Haushaltsversicherung oder schwere Unfälle bei der privaten Unfallversicherung) und kleinere Schäden selbst übernimmt. Das erspart auch die Schadensabwicklung.

Das spricht dagegen

- Selbstbehalte werden entweder pro Versicherungsfall oder pro Jahr verrechnet. Fallen viele kleine Schäden an (zum Beispiel Blechschäden mit dem Kfz oder viele Hoppalas im Haushalt), kann sich die Selbstbeteiligung summieren.
- Sehr hohe Selbstbehalte können – speziell bei kostspieligen Versicherungen – zur Kostenfalle werden: Neben der Prämie sind auch noch die Schäden überwiegend selbst zu bezahlen – und von der Versicherung gibt es so gut wie nie etwas.

Ein weiterer bestimmender Faktor für die Prämie sind Rabatte und Boni. Wer zum Beispiel schon eine oder sogar mehrere Polizzen beim selben Anbieter laufen hat, kann dadurch noch enger an das Haus gebunden werden. Auch besonders risikoarme Neukunden, wie etwa in der Kfz-Haftpflichtversicherung Wenigfahrer und Garagenbesitzer oder bei der Eigenheimversicherung Hauseigentümer, die ihre vier Wände mit allen nur erdenklichen Sicherheitsmaßnahmen ausgestattet haben, sollten immer auch nach möglichen Rabatten fragen.

Mit Rabatten und Boni die Prämie reduzieren

Zu den häufigsten Prämiensenkern zählen Dauerrabatt und Treuebonus. Die gibt es meist nur, wenn der Vertrag auf mehrere Jahre abgeschlossen wird. Bei einem vorzeitigen Ausstieg muss dann oft der Rabatt zurückgezahlt werden.

VKI-TIPP

Wenn Sie sich zu lange an einen Versicherer gebunden haben und gern wechseln würden, ziehen Sie vielleicht einen unabhängigen Makler zurate und lassen Sie nachrechnen, ob und wann durch einen Wechsel die Nachzahlung für einen Treuerabatt wieder hereingespielt wäre. Fragen Sie auch bei dem Versicherer, zu dem Sie wechseln möchten, nach: Manchmal übernehmen diese die Rabattrückzahlung zu einem Teil oder in voller Höhe.

Sparpotenzial nutzen

Das meiste erspart man sich durch Polizzen, die man nicht hat, weil sie im Schadensfall nur geringe Leistungen bringen oder weil ein möglicher Schaden finanziell verschmerzbar ist. Ein Freizeitunfall mit Langzeitfolgen geht ans Eingemachte, ein kaputtes Handy oder ein gestohlenes Fahrrad sind üblicherweise verkraftbar. Wie bereits im Kapitel „Die persönlichen Risiken ermitteln" ausgeführt, liegt das größte Sparpotenzial also darin, die persönlichen Risiken von existenzbedrohend bis vernachlässigbar zu gewichten.

Wenig sinnvolle Polizzen

Zu den Geldfresser-Polizzen oder -Bausteinen, wo Sie von vornherein den Sparstift ansetzen können, zählen erfahrungsgemäß:

Fahrraddiebstahlversicherung

Lohnt sich nur bei teuren, hochwertigen Fahrrädern und wenn das Rad nachweislich abgeschlossen oder in einem verschlossenen Raum aufbewahrt wird. Schutz kann es auch über die Haushaltsversicherung für einen Diebstahl am Versicherungsort geben, vor allem dann, wenn das Fahrrad versperrt war. Ein Norm-Drahtesel muss vor allem dann nicht extra versichert werden, wenn sein Verlust verschmerzbar ist. Mehr zur Fahrradversicherung siehe ► Seite 67.

Überschneidungen mit anderen Versicherungen, Ausschlüsse, geringe Leistungen

Gepäck und Unfall auf Reisen

Die Kriterien der Fahrlässigkeit sind weit gespannt; wer nicht förmlich auf seinem Gepäck hockt, hat oft wenig Chance auf Kostenersatz. Extra versichern lohnt sich kaum. Auch bei der Reiseunfallversicherung gibt es viele Ausschlüsse, vor allem von gefährlichen sportlichen Aktivitäten, teilweise viel zu geringe Deckungssummen, Bezahlung oft erst ab einer 50-prozentigen Invalidität. Besser, man schließt gleich eine private Unfallversicherung mit weltweiter Gültigkeit rund um die Uhr und höherer Deckungssumme ab.

Kfz-Insassenunfallversicherung

Vom Deckungsumfang her gibt es viele Überschneidungen mit anderen Versicherungen (z.B. Kfz-Haftpflichtversicherung, gesetzliche Kranken- und Unfallversicherung). Anstatt eigens für diesen Zweck eine Insassenunfallversicherung abzuschließen, empfiehlt es sich aber, Angebote für eine private Unfallversicherung einzuholen.

Überholtes streichen

Im Handumdrehen sparen lässt sich auch, indem man überflüssig gewordene Polizzen kündigt oder den Deckungsumfang verringert, weil sich die Lebensumstände geändert haben. Das könnte zum Beispiel eine nach der Scheidung überflüssig gewordene Risiko-Ablebensversicherung sein oder die Krankenhaus-Taggeldversicherung nach einem Wechsel von der Selbstständigkeit in eine Anstellung. Auch Motorradfahrer, Freeclimber oder Paraglider, die ihr abenteuerliches Hobby an den Nagel hängen, können die Prämie bei der privaten Unfallversicherung reduzieren – natürlich immer nur in Absprache mit ihrem Versicherungsbetreuer oder dem Versicherer.

Selbstbehalte, Rabatte und Ausschlüsse

Wer bereit ist, kleinere Schadensfälle selbst zu übernehmen, kann die Prämie durch Selbstbehalte zum Teil deutlich reduzieren (mehr dazu auf ► Seite 21).

Prämiensenker nutzen

Auch ein kleinerer Deckungsumfang durch Ausschluss gewisser Risiken wirkt prämiensenkend. So kann etwa in der Haushaltsversicherung durch Verzicht auf den relativ teuren Baustein Glasbruch bis zu einem Drittel der Prämie gespart werden. Wer etwa sehr große, über der Norm liegende Fensterscheiben hat, sollte sich ohnehin um einen Extra-Einschluss in die Haushaltsversicherung kümmern. Darüber hinaus bieten Versicherer immer wieder einmal tariffreundliche Jubiläumsaktionen, Rabatte und Boni verschiedenster Art an, wie etwa für Stammkunden, Familien oder auf längere Zeit abgeschlossene Polizzen (siehe dazu auch ► Seite 21).

Jährliche Zahlweise

Unterjährigkeitszuschlag vermeiden

Versicherungsprämien sind in den meisten Fällen einmal jährlich fällig, zu Beginn des neuen Versicherungsjahres. Wer die Prämien monatlich, viertel- oder halbjährlich abstottert, dem verrechnet der Versicherer möglicherweise einen gewissen Aufschlag: den Unterjährigkeitszuschlag. Dieser ist im Bereich der Lebensversicherungen üblich. Im Bereich der Sachversicherungen verlangen viele Versicherer keinen Unterjährigkeitszuschlag mehr. Einige Versicherer verzichten auf die Einhebung des Zuschlags für die Prämie, wenn diese monatlich über das Konto eingezogen wird. Hat man noch einen Vertrag, bei dem ein Unterjährigkeitszuschlag verrechnet wird, kann dies durch Änderung der Zahlungsweise leicht geändert und dadurch Geld gespart werden.

Doppelversicherungen kündigen

Sportverein, Kreditkarte, Autofahrerclub – da kommt einiges an Versicherungen zusammen, die einem oft gar nicht bewusst sind. Besonders häufige Kandidaten für Doppelt- und Mehrfachversicherungen sind Unfall- und Reiseversicherungen, aber auch Assistance-Leistungen, die via Mitgliedschaft im Autofahrerclub und Kaskoversicherung mehrfach gedeckt sind.

Gezahlt wird meistens nur einmal

Manche dieser Doppeldecker lassen sich gar nicht kündigen, bieten aber andererseits zu wenig Schutz, wenn ein gröberer Schadensfall mit Langzeitfolgen eintritt – etwa bei einem Wanderverein, wo mit der Mitgliedschaft ein Mini-Unfallpaket einhergeht, das erstens nur für Unfälle im Rahmen des Vereins gilt und zweitens für den restlichen Freizeit- und Sportbereich zu wenig Schutz bietet. Gehen Sie trotzdem Ihre Mitgliedschaften und Polizzen daraufhin durch – vielleicht lässt sich ja die eine oder andere zusätzliche Versicherung vermeiden, denn gezahlt wird auch bei Mehrfachversicherung in den meisten Fällen nur einmal.

Vergleichen und wechseln

Eine der ergiebigsten Möglichkeiten, beim Versicherungsschutz zu sparen, sind regelmäßige Marktvergleiche und Wechsel zu aktuell gerade günstigeren Anbietern. Der Versicherungsmarkt ist heute viel dynamischer als noch vor wenigen Jahren: Die Kunden sind flexibler geworden, können sich mit Hilfe des Internets einfacher informieren und wechseln häufiger, das treibt auch die Konkurrenz unter den Anbietern an.

Dazu kommt, dass sich die persönlichen Lebensumstände und Sicherheitsbedürfnisse immer wieder ändern. Ein regelmäßiges Aktualisieren der bestehenden Polizzen mindestens alle zwei bis drei Jahre erspart Kosten für überflüssig gewordene Bausteine und Zusätze, und regelmäßige Tarifvergleiche sorgen für günstigere Prämien.

Beim Durchsehen der Versicherungsmappe sollte das Augenmerk vor allem auf folgende Fragen gerichtet sein:

Fragen beim regelmäßigen Polizzencheck

- Brauchen Sie diese Versicherung überhaupt (noch)?
- Hat sich Ihre Lebenssituation seit Vertragsabschluss geändert?
- Sind noch alle Kinder/ein eventuell neuer Partner mitversichert?
- Passt die Polizze noch, was Deckungsumfang und Versicherungssumme angeht?
- Könnten Sie sie anderswo billiger bekommen?

VKI-TIPP

Wer sich beim Durchforsten der bestehenden Polizzen nicht hinaussieht: Unabhängige Makler bieten Hilfe beim jährlichen Versicherungs-Check.

HINWEIS

Unterstützung beim regelmäßigen Überprüfen Ihrer Versicherungsmappe bietet die **Checkliste 4: Regelmäßiger Polizzencheck** im Anhang.

Damit die Versicherung hält

Sich mit den Versicherungsbedingungen zu befassen, ist anstrengend, aber unentbehrlich. Denn dort ist nicht nur angeführt, was versichert ist und was nicht, sondern auch, was der Versicherte tun muss und was er unterlassen soll, damit er im Versicherungsfall eine Leistung erhält.

Rechte und Pflichten des Versicherten

Wer einen Vertrag abschließt, hat Rechte und Pflichten. Im Versicherungsbereich heißt das, der Versicherte hat das (einklagbare) Recht auf Schadenersatz der versicherten Sache durch den Versicherer. Er hat aber auch Pflichten, sogenannte Obliegenheiten. Dazu zählen:

- **ehrliche und vollständige Angaben** im Versicherungsantrag – wer bewusst oder unbewusst bei den Angaben schummelt, zum Beispiel riskante Sportarten in einer privaten Unfallversicherung, Vorerkrankungen bei einer Zusatzkranken- oder Pflegeversicherung nicht erwähnt, kann später im Schadensfall leer ausgehen;
- **über Änderungen zu informieren** – vergrößert sich etwa während der Laufzeit der Wohnraum durch Um- oder Zubauten, wird der Beruf gewechselt (relevant bei der Unfallversicherung), haben Sie sich ein Motorrad oder einen Hund zugelegt, hat sich die Familiensituation verändert, so sind das je nach dem versicherten Risiko möglicherweise gravierende Veränderungen, die der Assekuranz bekannt zu geben sind, wenn man nicht den Versicherungsschutz verlieren will;
- **das Einhalten der Sorgfaltspflichten** (zum Beispiel beim Verlassen der Wohnung Türen und Fenster verschließen, eine Alarmanlage aktivieren, kaputte Beleuchtungen beim Auto oder E-Bike umgehend reparieren). Eine wichtige Obliegenheit des Versicherten ist, Schäden bereits im Vorfeld weitgehend zu vermeiden; wer einen Schaden durch grobe Fahrlässigkeit verursacht (zum Beispiel beim Autofahren eine WhatsApp-Nachricht tippt und einen Unfall verursacht oder seine Wohnungstür offenstehen lässt und weggeht), erhält keinen Schadenersatz. In neueren Polizzen kann grobe Fahrlässigkeit zwar gegen einen geringen Aufpreis meist eingeschlossen werden; wer gegen seine Obliegenheiten verstößt, also vorhandene Sicherheitsvorkehrungen nicht nutzt, kann trotzdem leer ausgehen. Beispiel Haushaltsversicherung: Wird die Haustür nicht abgesperrt und kommt es zu einem Einbruch, wurde die Verpflichtung, das Haus möglichst einbruchssicher zu hinterlassen, verletzt.

Obliegenheiten des Versicherten

Im Schadensfall

Damit der Versicherer zahlt, wenn etwas schiefgelaufen ist, müssen die Versicherten auch hier ihre Pflichten kennen. Dazu zählen im Schadensfall an vorderster Stelle: weiteren Schaden verhindern, die Schäden dokumentieren (heute dank Handy eine leichte Übung) und dann so rasch wie möglich den Versicherer verständigen.

Die Schadensmeldung muss schriftlich – entweder per Mail oder postalisch am besten per Einschreiben – an den Versicherer gesandt werden. Dabei sind noch keine exakten Angaben über die Schadenshöhe erforderlich, trotzdem kann die richtige Wortwahl schon jetzt entscheidend sein. Schock und Aufregung führen aber oft dazu, dass Fehler passieren, etwa dass Schädiger und Geschädigter vertauscht oder unzureichende Angaben gemacht werden. Die sogenannte Tätigkeitsklausel unterscheidet aber recht streng zwischen bewusstem und gewolltem Einwirken auf eine Sache und zufälligem, also ungewolltem Kontakt mit einer Sache.

Heikel: die Schadensmeldung

VKI-TIPP

Schon eine unklare oder ungeschickt formulierte Schadensanzeige genügt oft, um abgelehnt zu werden. Wer sich nicht sicher ist, sollte daher rasch eine unabhängige Beratungsstelle oder auch seinen Versicherungsmakler aufsuchen und sich bei der Schadensmeldung unterstützen lassen. Im Nachhinein gibt es meist nur geringe Chancen, noch eine Schadensdeckung zu erreichen.

Bei Raub, Diebstahl, Einbruch, Parkschäden, Vandalismus, Wildschäden, Feuer- oder Explosionsschäden müssen nicht nur die entsprechenden Helfer verständigt, sondern auch sofort Anzeige bei der Polizei erstattet werden. Was im Protokoll unterschrieben wird, ist Basis für die weitere Vorgangweise des Versicherers, daher unbedingt seinen Vorbehalt anmerken, um zunächst übersehene oder vergessene Schadenspositionen nachmelden zu können.

HINWEIS

Ist etwas passiert, herrscht oft Chaos, auch im Kopf. Lesen Sie sich daher schon im Vorhinein einmal die wichtigsten Schritte im Schadensfall durch und notieren Sie in der **Checkliste 5: Wie vorgehen im Schadensfall?** die Daten Ihres Betreuers und/oder Ihres Versicherers, bei unterschiedlichen Polizzen und Ansprechpersonen am besten in mehrfacher Ausführung. Kopieren oder drucken Sie sich die Checkliste aus und nehmen Sie sie zum Beispiel auf Reisen mit.

Kein oder zu wenig Schadenersatz

Wenn ein Sachverständiger entscheiden muss

Weicht die vom Versicherer ermittelte Schadenssumme erheblich von den eigenen Vorstellungen ab, kann ein Sachverständigenverfahren eingeleitet werden: Beide Vertragspartner können einen Sachverständigen beauftragen, die Kosten werden in der Regel geteilt.

Lehnt der Versicherer eine Entschädigung rundweg ab, obwohl ein Versicherungsschutz angenommen und auch ordnungsgemäß vorgegangen wurde, sollte man hartnäckig bleiben und eine schriftliche Begründung verlangen. Diese Begründung kann dann anhand der Bedingungen überprüft werden. Auch Versicherer können bei der Anwendung oder Auslegung von Versicherungsbedingungen irren. Ein entsprechendes Musterschreiben finden Sie im Anhang.

VKI-TIPP

Eine Klärung oder Vergleichsregelung kann sich ziehen, daher sollten Sie darauf achten, dass Ihre Ansprüche nicht verjähren. Hat der Versicherer nämlich schon einmal Ihren Anspruch schriftlich – mit Hinweis auf die drohende Verjährung – abgelehnt, müssen Sie ihn innerhalb eines Jahres einklagen, da er sonst unwiderruflich verfällt.

Versicherungsleistung

Leistungspflicht des Versicherers

Sobald der Umfang der Versicherungsleistung feststeht, ist die Versicherungsgesellschaft leistungspflichtig. Sind nach der Forderung auf Schadenersatz zwei Monate ohne Rückmeldung des Versicherers vergangen, kann eine Erklärung über den Grund der Verzögerung eingefordert werden. Liefert der Versicherer auch innerhalb eines weiteren Monats keine Stellungnahme, wird die Leistung automatisch fällig. Ab diesem Zeitpunkt schuldet der Versicherer nicht nur die Entschädigungssumme, sondern auch Verzugszinsen.

Kündigung

Endet eine Versicherung nicht automatisch mit dem in der Polizze angeführten Datum, muss sie schriftlich gekündigt werden, sonst verlängert sich der Vertrag automatisch. Der Versicherer muss allerdings vor Laufzeitende schriftlich darauf hinweisen, sonst ist die Verlängerung unwirksam. Üblicherweise kann ein Versicherungsvertrag ein bis drei Monate vor Ablauf gekündigt werden (die Kündigungsrechte und -fristen sind in der Polizze angeführt!). Zehnjahresverträge können frühestens nach drei Versicherungsjahren und danach jährlich mit einmonatiger Frist gekündigt werden. Bei Kündigung von Langzeitverträgen ist zu bedenken, dass für die längere Laufzeit gewährte Treue- oder Dauerrabatte möglicherweise zurückgezahlt werden müssen. Nicht alle Rückforderungen sind aber zulässig, wie bereits zahlreiche oberstgerichtliche Entscheidungen gezeigt haben. Holen Sie in diesem Fall fachlichen Rat ein!

Wichtig ist, dass das Kündigungsschreiben bereits am Tag vor Beginn der Kündigungsfrist beim Versicherer eintrifft. Wer auf Nummer sicher gehen will, schickt seine Kündigung bereits deutlich früher ab. Fordern Sie auch eine Kündigungsbestätigung an, damit Sie sichergehen können, dass die Kündigung beim Versicherer eingelangt ist.

Ein außerordentliches Kündigungsrecht für Versicherte besteht dann,

Außerordentliches Kündigungsrecht des Versicherten

- wenn der Versicherer im Schadensfall zahlt oder die Leistung begründet ablehnt,
- wenn sich in Bezug auf den versicherten Gegenstand oder das Risiko etwas ändert (zum Beispiel bei Wohnungswechsel, Übersiedlung ins Ausland oder Eigentümerwechsel) oder
- bei Tarifanpassungen.

Kündigungsrecht heißt aber nicht, die Zahlungen einfach einzustellen, sondern auch in diesen Fällen jeweils ein formelles Kündigungsschreiben an den Versicherer zu senden.

HINWEIS

Im Anhang finden Sie eine Vorlage für ein Kündigungsschreiben, in dem Sie nur noch die Anschrift des Versicherungsunternehmens sowie alle erforderlichen persönlichen Angaben ergänzen müssen.

Wenn der Versicherer kündigt

Immer wieder passiert es, dass Versicherten nach einem oder mehreren Schadensfällen der Vertrag aufgekündigt wird, obwohl sie über Jahre pünktlich ihre Prämien gezahlt haben. Häufig wird dann als Kündigungsgrund der „Schutz der Versichertengemeinschaft vor überdurchschnittlicher oder ungerechtfertigter Inanspruchnahme der Versicherung" angeführt.

Kündigung durch die Versicherung im Schadensfall

Tatsächlich haben Versicherungsgesellschaften im Schadensfall oft ein Kündigungsrecht und nutzen dies auch gerne nach einer Schadenübernahme oder vor allem dann, wenn Sie mehrere Schäden übernommen haben wollen. Das Kündigungsrecht muss in den Vertragsbedingungen festgeschrieben sein. Umso wichtiger ist es, sich die Bedingungen vor Abschluss des Vertrags durchzulesen. Doch: Nicht alles, was in den Vertragsklauseln steht, muss notwendigerweise zulässig sein. So hat etwa der Oberste Gerichtshof bestimmte Kündigungsklauseln bereits als willkürlich und gröblich benachteiligend bezeichnet und für unwirksam erklärt. Außerdem gibt es Versicherungssparten wie die Zusatzkrankenversicherung, bei denen der Versicherer nicht kündigen darf.

VKI-TIPP

Statt eine Kündigung einfach hinzunehmen, suchen Sie unbedingt Rat bei Fachleuten. Gekündigte Versicherungsnehmer sind nämlich bei den Versicherern nicht beliebt: Die Assekuranzen wollen sich keine „schadensträchtigen" Kunden einhandeln und fragen potenzielle Neukunden vor Vertragsabschluss immer, ob sie schon einmal von einem anderen Versicherer gekündigt wurden. Wer das bejahen muss, hat unter Umständen Schwierigkeiten, einen neuen und vor allem günstigen Vertrag zu erhalten. Speziell in der gesetzlich verpflichtenden Kfz-Haftpflicht kann das zu deftigen Aufschlägen führen.

Rund um Haus und Wohnung

- Versicherung des Eigenheims
- Rohbau-, Bauherren- und Grundbesitzerhaftpflicht
- Absicherung von Hab und Gut
- Versichern von Geräten, Reparaturen und Sportgeräten
- Cyberversicherung

Eigenheimversicherung

STECKBRIEF

Deckungsumfang. Versichert sind üblicherweise

- Schäden, die an den fixen Bestandteilen eines Gebäudes entstehen können – an Grund- und Kellermauern, Zwischenwänden und -decken, Anstrichen, Tapeten, geklebten Boden- und Wandbelägen, Elektro- und Gasinstallationen, Klimaanlagen, Wasserver- und -entsorgungsanlagen, Blitzschutzanlagen;
- Grundstücks-Haftpflichtforderungen;
- Neben- und Folgekosten (zum Teil prozentuell oder betragsmäßig begrenzt) für Sturmschadenabdeckung; Aufräum-, Abbruch-, Feuerlöscharbeiten, Miete einer Ersatzwohnung;
- Nebengebäude wie Garage oder Geräteschuppen und Anlagen am Grundstück, etwa ein Swimmingpool, ebenfalls oft auf Größe oder Fixbeträge beschränkt.

Versicherte Gefahren. Schäden durch Feuer (Brand, Blitzschlag), Sturm mit mehr als 60 km/h, Hagel, Steinschlag, Felssturz und Austritt von Leitungswasser, aber auch Folgeschäden, zum Beispiel durch Blitzschlag oder Sturm umstürzende Bäume.

Die Eigenheim- oder Gebäudeversicherung zählt neben der Haushaltsversicherung zu den zentralen Polizzen österreichischer Konsumenten, und das nicht zu Unrecht, deckt sie doch das existenzbedrohende Risiko einer Obdachlosigkeit, insbesondere durch einen Brand. Aber auch weniger dramatische Ereignisse wie ein vom Sturm abgehobenes Dach oder ein Wasserrohrbruch, der Wände und Decken durchnässt, kann zu erheblichen Schäden und finanziellen Belastungen führen.

Auf persönliche Risiken zuschneiden lassen

Neben den Standardleistungen sehen viele Polizzen je nach Anbieter und Produkt auch noch zusätzliche Deckungen vor, etwa für Schäden an Photovoltaik- und Solaranlagen, bei Hagel und Gasleitungsgebrechen oder beim Anprall von Fahrzeugen. Andererseits zeichnen sich Eigenheimversicherungen durch zahlreiche Ausschlüsse und Beschränkungen aus, zum Beispiel bei Nebengebäuden: Manchmal ist die Deckung auf eine bestimmte Quadratmeterzahl oder einen Betrag beschränkt, ein anderes Mal müssen sie überhaupt eigens berücksichtigt werden. Oder Schäden durch Naturkatastrophen wie Erdbeben, Erdsenkung, Erdrutsch, Überschwemmung, Muren, Schneedruck oder Lawinen: Sie sind sehr oft nicht zum Neubauwert des Hauses, sondern nur zu relativ niedrigen Summen (meist bis zu maximal 10.000 Euro) versichert.

Bei Bedarf erweitern

Hier ist genau abzuwägen, was man braucht. Sind zum Beispiel keine Nebengebäude, kostspieligen Glasflächen oder Solaranlagen vorhanden, reicht vielleicht eine günstigere Polizze ohne diese Zusätze aus. Liegt das eigene Heim hingegen in einem von Muren oder Überschwemmungen bedrohten Gebiet, sind ein paar tausend Euro Entschädigung im Fall des Falles nur ein Tropfen auf den heißen Stein. Dann sollte dringend entweder eine finanzielle Ausweitung dieser Risiken vereinbart oder überhaupt ein anderer, in diesem Bereich flexiblerer Anbieter gesucht werden. Das gilt auch bei Eigenheimen, die mit sehr viel kostspieliger Technik ausgerüstet sind, angefangen bei motorisch betriebenen Toren, Jalousien und Beschattungen bis hin zu aufwändigen Solaranlagen oder überhaupt Smart-Homes.

Technisch hochgerüstete Eigenheime

Photovoltaik- und Solaranlagen. Bei Passivenergiehäusern sind Solar- und Photovoltaikanlagen meist Standard, immer häufiger werden aber auch ältere Wohngebäude damit nachgerüstet oder neue Häuser von vornherein mit Modulen bestückt. In manchen Polizzen sind Solar- und Photovoltaikanlagen bereits inkludiert. Dann ist zu prüfen, ob der Leistungsumfang sowohl für fix am Gebäude (Dach) verankerte als auch für freistehende Module gilt und ob er auch für kostspielige Anlagen ausreichend ist, sprich: Reicht die Abdeckung der wichtigsten Feuer- und Elementarschäden oder sollen auch Betriebsrisiken wie Kurzschluss und Überspannungsschäden eingeschlossen sein? Sind nur die Module versichert oder auch Batteriespeicher, Wechselrichter und Tragkonstruktion? Soll bei einem wochenlangen Stillstand nach einem Schaden ein eventueller Ertragsausfall gedeckt sein? Und: Ist die Anlage auch in der Haftpflichtversicherung eingeschlossen? Sollte sich nämlich bei einem Sturm eines der Module lösen, kann das nicht nur zu handfesten Sachschäden in der Nachbarschaft führen, sondern im schlimmsten Fall auch Personen mehr oder weniger schwer verletzen.

Smart-Homes. Multimedial vernetzte, intelligent gesteuerte Wohnungen und Heime sollen neben mehr Komfort auch mehr Sicherheit bieten: Über das Smartphone sollen mit dem Netz verbundene Sensoren bei irrtümlich offengelassenen Türen und Fenstern, Rauchentwicklung, Einbrüchen oder Überschwemmungen Alarm schlagen. Doch selbst die ausgefeilteste Überwachungstechnik hilft nicht, wenn das Handy vielleicht gerade nicht funktioniert oder in einem Funkloch steckt.
Die noch größere Gefahr: Wo virtuelle Daten sind, sind auch Datenausfälle und Hacker nicht weit. So hatten die Kunden des international tätigen Smart-Home-Herstellers Eufy beispielsweise plötzlich über die Eufy-App keinen Zugriff mehr auf ihre eigenen Systeme, konnten dafür aber in fremde Häuser blicken und verschiedenste Daten anderer Kunden abrufen.
Für den Versicherungsfall heißt das: Datenlecks und Smart-Home-Hacks durch Einbrecher sind schwer nachzuweisen, die Deckung eines Einbruchsdiebstahls ist daher ungewiss. Verschiedene Schutzbriefe und Zusatzpolicen für das Smart-Home sollen hier Abhilfe schaffen – der deutsche Bund der Versicherten hält davon allerdings nichts. So sei etwa der Schutz – in erster Linie Assistance-Leistungen – bei allen Anbietern mit maximal 3.000 Euro gedeckelt. Kritisiert wird auch, dass der Versicherungsumfang vielfach bereits durch ohnehin bestehende Eigenheim- oder Haushaltsversicherungen abgedeckt sei. Deshalb sollten Smart-Home-Besitzer eher auf entsprechend gute Konditionen in diesen Polizzen achten.

Deckung genau erfragen

Was genau haben Sie und ist das durch die Polizze gedeckt?

Neben dem höchst variantenreichen Angebot unterscheiden sich die Versicherungsbedingungen der Anbieter auch darin, dass beim Deckungsumfang manchmal grobe Überbegriffe angeführt sind, ein andermal detaillierte Auflistungen. Ist etwa nur von Elektroinstallationen die Rede, sollte unbedingt nachgefragt werden, was darunter zu verstehen ist: alle oder zum Beispiel nur die Steuerungen für mitversicherte Markisen oder Rollläden? Ein weiteres Beispiel: die Leitungswasserversicherung. In manchen Fällen ist die Leitung zwar versichert, bricht sie aber aufgrund von Korrosion, zahlt der Versicherer nicht – es sei denn, das wurde speziell vereinbart.

Die Prämienhöhe ist abhängig von Größe und Umfang des versicherten Gebäudes, von der Ausstattungskategorie, vom Zustand des Hauses und der gewählten Versicherungsdeckung. Aus diesen Angaben berechnet sich die Versicherungssumme, die immer dem Neubauwert des Gebäudes entsprechen soll. Die Prämien variieren oft bei vergleichbaren Leistungen um mehrere hundert Euro, daher unbedingt mehrere Angebote einholen.

Noch wichtiger als günstig ist optimal versichert: Es gibt zahlreiche Zusatzdeckungen, die je nach Bedarf optional abgeschlossen und bezahlt werden können, z.B. Glasbruch, Versicherung der Zäune oder Umweltschäden durch eine defekte Ölheizung.

HINWEIS

Damit das Eigenheim von Anfang an optimal versichert ist, braucht es eine stichhaltige Bestandsaufnahme. Verwenden Sie dazu unsere **Checkliste 6: Eigenheimversicherung** im Anhang.

Versicherungssumme festlegen

Am zuverlässigsten ist die Berechnung der Versicherungssumme und somit des realen Werts durch das Gutachten eines unabhängigen Sachverständigen. Das ist allerdings kostspielig und aus eigener Tasche zu bezahlen. Deshalb wird am häufigsten die Variante nach den Quadratmetern der verbauten Fläche berechnet. Da Baupläne oder bei älteren Häusern das Nachmessen nicht immer ganz akkurat sind, ist von den Versicherern hier ein Spielraum von plus/minus zehn Prozent eingeplant. Um so viel kann die tatsächliche Fläche abweichen, ohne dass im Schadensfall Unterversicherung geltend gemacht wird.

Faustregel zur Höhe der Versicherungssumme

Außerdem kann je nach Standard eine bestimmte Ausstattungsklasse gewählt werden. Faustregel: Der Versicherungswert des Hauses soll jenem Betrag entsprechen, der notwendig wäre, um das Haus in gleicher Güte durch Professionisten wiederherzustellen.

Risikoerweiterungen melden

Ist die Polizze einmal abgeschlossen, heißt das noch lange nicht: aus den Augen, aus dem Sinn bis zum Schadensfall. Denn gerade bei Eigenheimen kommt es immer wieder zu Änderungen: Aus- und Umbauten, Sanierungen, Modernisierungen am Haus oder Grundstück. Es zählt zu den Verpflichtungen des Versicherten (siehe Obliegenheiten, ► Seite 95), dem Versicherer solche Risikoerhöhungen zu melden und die Versicherungssumme entsprechend anpassen zu lassen. Geschieht das nicht, besteht die Gefahr einer Unterversicherung, im Schadensfall wird dann jeweils nur ein Teil des Schadens erstattet.

VKI-TIPP

Um Unterversicherung zu vermeiden, können Sie auch eine Versicherung wählen, bei welcher der Versicherer auf den „Einwand der Unterversicherung" verzichtet. Dann wird im Schadensfall bis zur Höchsthaftungssumme, also der vereinbarten Versicherungssumme, entschädigt.

Umgekehrt kann es auch zu einer Risikominderung kommen, zum Beispiel durch Einbau einer Alarmanlage oder Sicherheitshaustür, durch eine Dachsanierung (geringere Gefahr von Sturmschäden) oder auch eine Verringerung der Wohnnutzfläche. Im eigenen Interesse sollte das dem Versicherer gemeldet und eine Prämienreduktion eingefordert werden.

Auch im Schadensfall sind die Vorgaben des Versicherers zu beachten. Dazu lohnt sich ein Blick in die in der Polizze angeführten Obliegenheiten des Versicherten; allgemeine Hinweise dazu bietet auch unsere **Checkliste 5: Wie vorgehen im Schadensfall?** im Anhang.

Weitere Polizzen rund ums Eigenheim

Rohbauversicherung

Sicherheit schon in der Bauphase

Bei einem Neubau ist man mit dieser Polizze in der Bauphase je nach Produkt gegen Feuer- und Leitungswasserschäden sowie Explosion, Hagel, Felssturz, Steinschlag und Erdrutsch versichert, gegen Sturmschäden oft erst dann, wenn das Dach und alle Dachbodenöffnungen geschlossen sind. Rohbauversicherungen werden häufig prämienfrei gewährt, wenn nach der Fertigstellung eine Gebäudeversicherung (Eigenheim- oder Haushaltsversicherung) beim selben Versicherer abgeschlossen wird. Dann sollte allerdings schon zu diesem frühen Zeitpunkt geprüft werden, wie die Leistungen in der Nachfolgeversicherung aussehen.

VKI-TIPP

Erkundigen Sie sich genau über den Leistungsumfang! Oft fehlen in der Rohbauversicherung wichtige Deckungen, wie etwa für Schäden durch Leitungswasser oder Hagel.

Bauherren-Haftpflichtversicherung

Haftbar ohne eigenes Verschulden

Oft in die Rohbauversicherung inkludiert, aber auch separat abzuschließen ist eine Haftpflichtversicherung für Bauherren. Sie deckt Personen- und Sachschäden, die während der Bauphase – auch bei Außenstehenden wie Nachbarn oder Passanten – auftreten. Die Privat-Haftpflichtpolizze reicht hier nicht aus, denn Bauherren oder Besitzer einer Liegenschaft können auch für Schäden verantwortlich gemacht werden, die verschuldensunabhängig sind. Zum Beispiel wenn durch völlig ordnungsgemäß durchgeführte Grabungsarbeiten trotzdem am Nachbarhaus Risse entstehen. Oder wenn sich spielende Kinder auf dem Grundstück verletzen, obwohl die Baustelle vorschriftsmäßig abgesichert war.

Grundbesitzer-Haftpflichtversicherung

Wenn jemandem ein Ziegel auf den Kopf fällt

Auch nach Bezug des Hauses und etwaiger Nebengebäude sind Haus- und Grundbesitzer für das umgebende Grundstück verantwortlich und müssen unbeschränkt für alle Schäden aufkommen, die darauf durch Benutzung, Verwaltung, Reinhaltung und Pflege verursacht werden. Das kann bei Personenschäden rasch existenzbedrohend sein. Zum Beispiel, wenn ein Passant durch einen Dachziegel oder einen Ast schwer verletzt wird, oder wenn der Gehweg vor dem Haus im Winter nicht ausreichend geräumt und gestreut ist: Ein Passant stürzt, bricht sich ein Bein und verklagt den Besitzer auf Verdienstentgang und Schmerzensgeld.

Anderes Beispiel: Die Dachrinne löst sich bei einem Sturm und beschädigt Dach und Fassade des Nachbarhauses.

Eine Haus- und Grundbesitzer-Haftpflichtversicherung deckt diese Risiken ab. Sie ist üblicherweise in der Eigenheimversicherung inkludiert und sollte andernfalls unbedingt hineinreklamiert werden. Eine Versicherungssumme von mindestens 1,5 Mio. Euro wird empfohlen, da vor allem Schadenersatzforderungen bei Personenschäden hoch ausfallen können.

Haushaltsversicherung

STECKBRIEF

Deckungsumfang. Versichert sind üblicherweise

- Schäden an allen beweglichen Gegenständen in den eigenen vier Wänden, wie etwa Möbel, Teppiche, Bekleidung, Elektrogeräte, Computer und Bargeld, Sammelstücke, Wertpapiere und Schmuck bis zu gewissen Betragsgrenzen;
- Schäden an Dritten durch die inkludierte Privat-Haftpflichtversicherung (siehe dazu mehr auf ► Seite 43).

Versicherte Gefahren. Schäden durch Feuer, Sturm (mit einer Windgeschwindigkeit höher als 60 km/h), Austritt von Leitungswasser, Einbruch, Vandalismus und Beraubung.

Geltungsbereich. Neben der in der Polizze angeführten Wohnung auch

- in einem dazugehörigen Keller oder auf dem Dachboden (sogenannter Bodenkram, Fahrräder, Reifen, Kleidung, Tiefkühltruhen, Waschgeräte usw.),
- auf dem Grundstück (Gartenmöbel und -geräte, Kinderwagen, abgesperrte Fahrräder, Wäsche),
- bei einem Umzug,
- auf Reisen (Gepäck, Handy, Wertgegenstände) in Europa und den Mittelmeer-Anrainerstaaten (nur sehr eingeschränkter Versicherungsschutz).

Geltungsumfang. Partner, Kinder und andere im Haushalt lebende Personen sind üblicherweise mitversichert.

Die Absicherung der eigenen vier Wände zählt in fast 90 Prozent aller österreichischen Haushalte zum Standard und bietet neben dem Eigentum des Versicherten auch Deckung für die Siebensachen von Gefährten, Kindern und Verwandten, die im gleichen Haushalt leben. Selbst das Hab und Gut von Gästen, sofern sie nicht gegen Bezahlung beherbergt werden, ist geschützt. Ein wichtiger Bestandteil der Haushaltsversicherung ist die praktisch immer inkludierte Haftpflichtversicherung: Sie deckt Schadenersatzansprüche, die Dritte geltend machen. Da sie auch separat abgeschlossen werden kann, wird sie ab ► Seite 43 in einem eigenen Abschnitt behandelt.

Nicht nur die eigenen Habseligkeiten sind gedeckt

Feine Unterschiede, große Wirkung

Versichert ist üblicherweise der gesamte Hausrat der in der Polizze angegebenen Wohnung und dazugehörender Räume. Was genau darunter fällt, ist in den Allgemeinen Versicherungsbedingungen angeführt. Doch die Aufzählungen dort lassen viel Raum für Interpretationen und Missverständnisse bei den Versicherten. Brand ist nicht gleich Brand, und auch bei Wasserschäden gibt es Unterschiede, auf die man erst einmal kommen muss, wie die Beispiele im folgenden Kasten „Was – meist – versichert ist und was nicht" zeigen.

Was – meist – versichert ist und was nicht

Schaden durch …	Versichert (Beispiele)	Nicht versichert (Beispiele)
Brand. Feuer, das sich bestimmungswidrig aus eigener Kraft ausbreiten kann	• Zimmerbrand durch einen Christbaum, der in Flammen steht • Wohnungsbrand durch Zigarettenreste im Mistkübel	• Sengschäden durch Beleuchtungskörper, Bügeleisen usw. • Schäden durch reine Hitzeeinwirkung
Blitzschlag. Schäden, die durch die schädigende Kraft- oder Wärmewirkung des Blitzschlags entstehen	• Blitz schlägt in Satellitenempfänger am Dach ein und beschädigt ihn	• Blitz schlägt in oberirdische Stromzuführung ein, die Überspannung zerstört angeschlossene Geräte (indirekter Blitzschlag) – dieses Risiko ist oft als Zusatzdeckung versicherbar
Explosion. Eine auf dem Ausdehnungsbestreben von Gasen oder Dämpfen beruhende plötzlich verlaufende Kraftäußerung	• Explosion infolge eines undichten Gasrohrs • Druckkochtopf explodiert, da Sicherheitsventil verschmutzt	• Implosion der Bildröhre eines Fernsehgerätes • Zerbrechen einer Flasche, weil der Inhalt gefroren ist
Sturm. Wind mit einer Spitzengeschwindigkeit von mehr als 60 km/h	• Sturm deckt Haus ab, Regenwasser beschädigt die Einrichtung • Sturm entwurzelt Baum, der auf das Haus fällt und dabei auch den Wohnungsinhalt beschädigt	• Schäden durch einen Wind mit weniger als 60 km/h • Schäden an Dingen, die sich nicht in den versicherten Räumlichkeiten befinden
Einbruchdiebstahl. Diebstahl in den versicherten Räumlichkeiten unter Überwindung erheblicher Hindernisse	• Dieb bricht die Wohnungstüre auf und stiehlt Schmuck und Bargeld • Dieb bricht den Safe auf und stiehlt die Münzsammlung	• Dieb sperrt den Safe mit in den Räumlichkeiten gefundenem Schlüssel auf • vorgeschriebene Sicherheitsmaßnahmen wurden nicht angewendet
Leitungswasser. Schäden durch den bestimmungswidrigen Austritt von Leitungswasser aus Zu- und Ableitungsrohren und angeschlossenen Einrichtungen	• durch Rohrbruch in der Wand wird Zimmereinrichtung beschädigt • Zulaufschlauch der Waschmaschine platzt und das Wasser beschädigt die Kücheneinrichtung	• das Aquarium zerbricht und das Wasser beschädigt den Teppich • infolge eines heftigen Regens dringt Wasser bei den Fensterfugen ein und beschädigt den Boden
Glasbruch. Bruch der versicherten Gebäudeverglasung, Möbel-, Bilderverglasung und Wandspiegel	• durch Zugluft fällt eine verglaste Innentüre zu und das Glas zerbricht • Wandspiegel fällt zu Boden und zerbricht	• ein Glasgeschirr zerspringt durch heiße Flüssigkeit • eine neue Fensterscheibe zerbricht vor der Montage

Geringe Leistung bei Schäden durch Naturgewalten

Dazu kommt, dass die Angebote sehr unterschiedlich ausfallen können, sowohl hinsichtlich Deckungsumfang als auch in Bezug auf die Prämienhöhe. Ausnahmen und Ausschlüsse sind in vielen Haushaltsversicherungspolizzen die Regel und es gibt vielerlei Haftungsobergrenzen, zum Beispiel bei den in den vergangenen Jahren häufiger gewordenen Naturkatastrophen wie Überschwemmungen, Muren und Lawinen. Hier hilft nur – vielleicht mit Unterstützung eines unabhängigen Maklers – die für einen selbst größten Risiken festzulegen und durch entsprechende Zusätze absichern zu lassen.

Einsparpotenzial bei der Prämie

Wenn solche Zusatzdeckungen die Prämie zu sehr in die Höhe treiben, lässt sich vielleicht bei anderen Bereichen durch Selbstbehalte wieder etwas einsparen. Bei 100 Euro Selbstbehalt pro Schadensfall macht die Ersparnis immerhin rund 20 Prozent der Prämie aus.

Eine andere Einsparmöglichkeit bietet der Ausschluss von Glasbruchschäden, der häufigsten Schadensvariante in der Haushaltsversicherung. Bei vielen Versicherern ist diese Produktvariante fix integriert; wo sie sich aber ausschließen lässt und individuell auch sinnvoll ist, weil man keine Glastüren hat oder vorhandene Glasflächen ohnedies die versicherte Norm überschreiten, kann die Prämie um bis zu einem Drittel reduziert werden. Dann sind natürlich auch „normale" Fensterscheibenverglasungen nicht versichert.

Kleinschäden selbst zu bezahlen mindert die Prämie

Teurer wird die Prämie auch dann, wenn ein Haushalt nicht ständig (mehr als 270 Tage im Jahr) bewohnt ist. Bis zu 200 Prozent kann der Zuschlag für ein Wochenendhaus oder eine Ferienwohnung ausmachen. Etwas reduzieren lässt sich das durch Einbruchsicherungen, wie Sicherheitseingangstüren, Fenster- und Terrassentürsicherungen oder Alarmanlagen.

VKI-TIPP

Bei einer Umfrage zu Haushalts- und Eigenheimversicherungen gaben viele Teilnehmer die Deckung existenzbedrohender Risiken als wichtigsten Aspekt an, während Schäden bis 250 Euro als relativ unwichtig erachtet wurden. Wer daher bereit ist, Kleinschäden eher selbst zu übernehmen, kann Selbstbehalte in Erwägung ziehen, die die Prämie um bis zu 50 Prozent senken können. Weiterer Vorteil: Kleinschäden müssen nicht abgewickelt werden.

Häufig wird die Versicherungssumme pauschal nach der Wohnungsgröße und dem Ausstattungsstandard festgelegt. Um für die folgenden Jahre eine Unterversicherung zu vermeiden, wird üblicherweise eine Wertsicherungsklausel inkludiert. Dadurch werden die Versicherungssummen und -prämien jährlich nach dem Verbraucherpreisindex angepasst und der Versicherer verzichtet im Schadensfall auf den Einwand der Unterversicherung.

Neuwert statt Zeitwert

Der Wohnungsinhalt ist grundsätzlich zum Neuwert, das heißt zum Wiederbeschaffungswert, versichert. Das muss nicht zwangsläufig dieselbe Summe sein, die für den Kauf ursprünglich ausgelegt wurde, sondern nur jene, um ein neuwertiges Produkt zum jetzigen Preis zu erstehen. Ein Beispiel: Eine Digitalkamera kostete bei der Anschaffung 1.000 Euro; ein vergleichbares Gerät ist aktuell um 600 Euro zu haben, deshalb wird auch nur dieser Betrag erstattet. Der Wiederbeschaffungswert kann aber auch höher sein. Beispiel: Die motorbetriebene Markise wurde um 900 Euro angeschafft, heute kosten vergleichbare Markisen bereits 1.200 Euro, die Entschädigungsleistung des Versicherers liegt daher über dem ursprünglichen Kaufpreis. In manchen Polizzen wird der Neuwertersatz jedoch eingeschränkt: Beschädigte Tapeten, Malereien und Bodenbeläge werden nur zum Zeitwert ersetzt. Dieser richtet sich nach dem Zustand der Sachen, dem Alter und der Abnützung. Das kann zum Beispiel bei altem, aber noch sehr gut erhaltenem Mobiliar oder noch funktionstüchtigen Geräten zum Problem werden: Die Wiederbeschaffungskosten werden dann nur zu einem Bruchteil ersetzt. Daher vor Abschluss unbedingt in den Bedingungen nachlesen oder nachfragen, ob eine Neuwertentschädigung vorgesehen ist.

Was zählt, ist der Wiederbeschaffungswert

Wenig Spielraum gibt es bei Sachen mit historischem oder künstlerischem Wert: Hier wird der Verkehrswert vergütet, ein persönlicher Liebhaberwert wird nicht berücksichtigt.

HINWEIS

Ob nur die wirklich großen Risiken gedeckt sein sollen oder auch die vielen kleinen Hoppalas im Haushaltsalltag, muss jeder für sich entscheiden. Unterstützung beim sorgfältigen Abwägen bietet unsere **Checkliste 7: Haushaltsversicherung** im Anhang.

Umzug und Übersiedlung

In der Haushaltsversicherungspolizze sind in der Regel auch Schäden am Hausrat während einer Übersiedlung gedeckt. Außerdem gelten während des Umzugs beide Wohnungen als versichert. Als wichtig kann sich auch die inkludierte Haftpflichtversicherung erweisen: Wenn während des Umzugs unabsichtlich das Eigentum Dritter beschädigt wird, zum Beispiel ein nahe dem Umzugswagen geparktes Auto oder das Mauerwerk im Mehrparteienhaus, kann man sich zur Schadensabwicklung an die eigene Haushaltsversicherung wenden.

Alte und neue Wohnung sind versichert

Durch einen Wohnungswechsel verändert sich der Versicherungsgegenstand, man muss dem Versicherer den Wechsel daher melden („anzeigen"). Das stellt auch sicher, dass man die Schreiben des Versicherers weiterhin erhält. Außerdem schadet es nicht, eine Neueinschätzung der Wohnung vorzunehmen – wobei der bloße Umstand, dass sich die Wohnungsgröße womöglich verändert, noch nicht bedeutet, dass man in der neuen Wohnung unter- oder überversichert ist. Ein Umzug ist jedenfalls ein guter Zeitpunkt, um wieder einmal nachzuprüfen, ob die Deckung noch den aktuellen oder jetzt geänderten Bedürfnissen entspricht, auch wenn man sich länger an einen Haushaltsversicherer gebunden hat: Bei einem Wohnungswechsel ist eine Kündigung ohne Nach- oder Aufzahlungen für Treuerabatte möglich.

Sorgfaltspflichten

Haushaltspolizzen sind kein Freibrief für Rundum-Sorglosigkeit. Wer allgemeine Vorsichtsmaßnahmen missachtet, erhält im Schadensfall möglicherweise kein Geld. Das ist zu beachten:

- Selbst bei kurzer Abwesenheit alle von außen leicht erreichbaren Fenster, Balkon- und Terrassentüren schließen (auch nicht gekippt lassen!) und die Haustür absperren, nicht nur ins Schloss fallen lassen.
- Bei Leitungswasserschäden sofort den Haupthahn schließen.
- Wasserführende Anlagen bei längerer Abwesenheit (in der Regel 72 Stunden) absperren bzw. entleeren.
- Eingefrorene Rohre und Heizkörper nur durch einen Fachbetrieb auftauen lassen.
- Wertvolle Einzelstücke fotografieren und die Rechnungen aufbewahren.
- Kopien bzw. Aufzeichnungen für Wertpapiere, Einlagebücher, sonstige Urkunden und Sammlungen anfertigen und diese getrennt von den Wertsachen bei Freunden, Verwandten oder in einem Bankschließfach hinterlegen.
- Im Schadensfall sofort den Versicherer informieren, bei Feuer, Explosion, Einbruchsdiebstahl, Diebstahl oder Beraubung auch die Polizei. Außerdem eine Liste aller Sachen anfertigen, die zerstört oder abhandengekommen sind. Sparbücher, Kreditkarten usw. sofort sperren lassen.

HINWEIS

Allgemeine Infos für den Schadensfall finden Sie auch in der **Checkliste 5: Wie vorgehen im Schadensfall?** im Anhang.

Weitere Polizzen rund um den Hausrat

Geräte-/Reparaturversicherung

Diese meist über den Elektrohandel angebotenen Mini-Polizzen bieten mittels verlängerter Garantie, Geräte-Vollkasko oder Schutzbrief das Recht auf Umtausch oder Reparatur des versicherten Geräts. Neben Küchen- und Haushaltsgeräten sollen auch Geräte aus der Unterhaltungselektronik und dem Multimediabereich (Handy, Laptop, Digitalkamera, ...) versichert werden. Die Pakete, die zum Teil bis auf fünf Jahre abschließbar sind, haben allerdings einige Haken. Beim einen ist das Weggeld für den Mechaniker nicht inkludiert, beim anderen gibt es Selbstbehalte oder man wird beim Gerätetausch mit einem Gebrauchtgerät abgespeist (zum Beispiel wenn das Notebook nicht zum Laufen gebracht werden kann). Dazu kommen mögliche Ausschlüsse, etwa bei einer Laptop-Versicherung: Batterien, Akkus, Verschleißteile, externe Datenträger sowie Software und Daten waren in der untersuchten Polizze nicht versichert. Dabei sind es gerade die Stromspeicher, die häufig aufgeben. Können sie bei einem Defekt nicht ausgetauscht werden, ist das Gerät unbrauchbar, ohne dass die Versicherung zahlt.

Günstig, aber oft auch wenig sinnvoll

VKI-TIPP

Vor allem in den ersten zwei Jahren sind viele Schäden bereits im Rahmen von Gewährleistung und Garantie kostenfrei gedeckt. Auch über die Haushaltsversicherung sind viele Schäden – durch Brand, Diebstahl oder indirekten Blitzschlag – versichert. Überlegenswert sind solche Zusatzversicherungen höchstens dann, wenn es sich um sehr teure Geräte handelt, deren Ausfall dem Besitzer schwere (berufliche) Probleme verursachen würde.

Fahrradversicherung

Fahrräder sind zwar über die Haushaltsversicherung mitversichert, meist aber nur dann, wenn sie aus dem versperrten Keller gestohlen werden. Durch den Boom bei den meist kostspieligen E-Bikes und hochwertigen Mountainbikes und Rennrädern gibt es ein erhöhtes Interesse an eigens abgeschlossenen Fahrradversicherungen, die eine weitreichendere Deckung haben. Lesen Sie dazu mehr ab ► Seite 67.

Ski- und Snowboardversicherung

Diese Mini-Polizzen werden praktisch nur über den Sporthandel beim Kauf einer neuen Ausrüstung abgeschlossen. Versprochen wird Ersatz bei Bruch, Beschädigung oder Diebstahl, die Prämien wirken auf den ersten Blick erschwinglich. Tatsächlich machen sie aber meist bis 10 Prozent des Kaufpreises aus, dazu gibt es steigende Selbstbehalte von 20 bis 40 Prozent und eine Menge Ausschlüsse, etwa bei Schäden infolge normaler Abnutzung oder Bindungsbruch. Bindung und Skistöcke sind bei einem Diebstahl oft nicht gedeckt, und wenn die Bretter oder das Board über Nacht aus einem unversperrten Raum entwendet oder daheim aus dem Keller oder Wohnhaus gestohlen werden, gibt es ebenfalls keine Versicherungsleistung. In letzterem Fall kann man sich nach polizeilicher Anzeige des Diebstahls und Rechnungsnachweis an den

Viele Haken, wenig Leistung

Haushaltsversicherer wenden. Aufgrund des überschaubaren Risikos kann man sich die Ski-Versicherungsprämie sparen!

Cyberversicherung

Probleme beim Shopping im Internet, Datenverlust durch Virenangriffe oder Hacker, Rufschädigung durch Cybermobbing, Identitätsdiebstahl oder auch selbst verursachte Datenschutzverletzungen – diese und ähnliche Themen rund um Internetprobleme und Cyberkriminalität werden uns in Zukunft immer mehr beschäftigen.

Von Troubles beim Internetshopping bis zu massiven Hacking-Attacken

Zuerst nur an Unternehmen gerichtet, gibt es nun auch immer mehr Daten- und Internetversicherungen für Private. Die Angebote unterscheiden sich allerdings sehr stark vom Leistungsumfang und der Ausrichtung her: Während manche vor allem auf Internetshopping und damit verbundene Probleme (zum Beispiel bei Kontoabbuchungen, denen keine Ware folgt) abzielen, liegt bei anderen der Schwerpunkt auf dem Verlust, dem Diebstahl oder der Beschädigung von Daten. Im Fall von Cyberattacken und Virenangriffen gibt es unter Umständen eine 24-Stunden-Hotline sowie Kostenersatz für die Datenrettung, enthalten ist möglicherweise auch die Übernahme von Haftpflichtansprüchen, wenn der Versicherte den Datenschutz Dritter oder auch die Geheimhaltungspflicht verletzt hat. Im Fall von Cybermobbing werden problematische Einträge gelöscht und professionelle Hilfe durch Anwälte und Psychologen geboten.

Niedrige Deckungssummen

Auch die Cyberversicherung ist kein Rundumschutz. So muss der Versicherte selbst ausreichend Sorge gegen unerwünschte Attacken tragen, zum Beispiel durch stets aktualisierte Virenscanner und Firewalls; andererseits gibt es Selbstbehalte und relativ niedrige Obergrenzen. Schäden bei Internetkäufen sind häufig nur bis zu 3.000 Euro pro Schadensfall bzw. Jahr gedeckt, Vermögensschäden oft nur bis zu 10.000 Euro, bei Schäden durch Identitätsdiebstahl liegt die Grenze meist schon bei 15.000 Euro und für die Datenrettung werden nur bis zu 1.000 Euro übernommen. Die Jahresprämien für den Schutz gegen Datenverluste und Internetkriminalität beginnen bei rund 40 Euro, können je nach Leistungsumfang aber auch deutlich höher liegen.

Bestehenden Schutz prüfen

In jedem Fall sollte als Erstes überprüft werden, ob gewisse Risiken nicht schon durch eine bestehende Versicherung abgedeckt sind:

- Die Haushaltsversicherung deckt Schäden durch Diebstahl.
- Eine bestehende Rechtsschutzversicherung übernimmt im Fall von rechtlichen Auseinandersetzungen die Anwalts- und Prozesskosten, oft auch bei Zores aus dem World Wide Web, wie etwa Rufschädigung in den Social Media oder Auseinandersetzungen mit der Bank bei Phishing- oder Hacker-Attacken.

VKI-TIPP

Prüfen Sie bestehende Polizzen im Hinblick auf Schutz bei Online- und Cyberrisiken, ziehen Sie eventuell einen unabhängigen Makler zu Rate. Falls (noch) nichts enthalten ist, rüsten Sie Ihre bestehenden Polizzen entsprechend auf. Durch Deckungserweiterungen und Zusatzbausteine lässt sich möglicherweise günstigerer und umfassenderer Schutz gegen Schäden aus der Onlinenutzung erzielen als mit einer Mini-Cyberversicherung.

Rund um Freizeit und Familie

- Schutz bei Haftpflichtforderungen
- Absicherung bei Unfällen daheim und in der Freizeit
- Vorsorge für die Angehörigen im Todesfall
- Unterstützung bei Rechtsstreitigkeiten
- Versicherungsschutz auf Reisen

Privat-Haftpflichtversicherung

STECKBRIEF

Deckungsumfang. Versichert sind

- Schadenersatzansprüche, die gegen den Versicherten als Privatperson, Wohnungsinhaber, (Amateur-) Sportler, Radfahrer, Fußgänger, Öffi-Benützer oder Halter von Kleintieren – ausgenommen Hunde – geltend gemacht werden.
- Unberechtigte Ansprüche werden vom Versicherer abgewiesen.

Geltungsumfang. Partner und minderjährige Kinder sind üblicherweise mitversichert.

Geltungsbereich. Europa und Mittelmeer-Anrainerstaaten, über Zusatzprämie auch weltweit.

Die private Haftpflichtversicherung ist ein (allerdings nicht gesetzlich vorgeschriebenes) Muss. Wer Gegenständen oder Personen einen Schaden zufügt, haftet dafür. Dies kann Privatpersonen in den Ruin treiben, etwa dann, wenn ein Familienerhalter bei einer Kollision stirbt. Der am Zusammenstoß Schuldige muss für den Unterhalt der Hinterbliebenen aufkommen. Oder der Tourengeher, der ein Schneebrett lostritt, das eine Kindergruppe verschüttet, muss Behandlungskosten, Schmerzensgeld oder im schlimmsten Fall Bestattungskosten und Entschädigung für Trauerschmerzen begleichen.

Eine Privathaftpflicht ist aber auch im umgekehrten Fall hilfreich: Wenn man zu Unrecht beschuldigt wird, einen Verkehrsunfall, einen Sturz oder Sachbeschädigungen verursacht zu haben, wehrt sie einen unberechtigten Schadenersatzanspruch ab. Aus all diesen Gründen ist die private Haftpflichtversicherung eine der wichtigsten Versicherungen überhaupt. Und: sie ist nicht einmal sonderlich kostspielig. Die Jahresprämien beginnen bei rund 30 Euro.

Am wichtigsten: die Höhe der Versicherungssumme

In Haushaltsversicherungen sind private Haftpflichtversicherungen meist inkludiert. Dann ist die ganze Familie versichert, also auch Malheurs des Partners und der Sprösslinge. Besteht keine Haushaltsversicherung (weil man zum Beispiel in Untermiete oder einer WG lebt oder die eigenen vier Wände nur mit dem Allernotwendigsten ausgestattet sind), sollte dringend eine Haftpflichtpolizze abgeschlossen werden. Denn Unachtsamkeiten mit dramatischen Folgen können jedem jederzeit passieren, auch als Fußgänger, Radfahrer oder E-Scooter-Fahrer (► Seite 69).

Gegen eine geringe Aufzahlung deutlich höhere Deckung

Dabei ist in erster Linie auf eine entsprechend hohe Versicherungssumme zu achten (mindestens 1,5 Millionen Euro). Liegt diese deutlich darunter, sollte aufgestockt werden: Die Prämie erhöht sich dadurch nur marginal, im Schadensfall kann aber eine Existenzbedrohung verhindert werden. Weiters auf eine möglichst weltweite Deckung; bei Familien mit Kindern auf die Altersgrenze zur Mitversicherung (standardmäßig meist bis zum 25. Lebensjahr, wenn sie im gleichen Haushalt leben und kein eigenes Einkommen haben) und darauf, dass Tätigkeitsschäden miteingeschlossen sind. Zudem ist darauf zu achten, dass Schadenersatzforderungen von Angehörigen gedeckt sind (Einschränkung des Angehörigenausschlusses).

Exzedentenhaftpflichtversicherung

Eine zusätzliche Absicherung bietet die Exzedentenhaftpflichtversicherung für den Fall, dass ein Schaden höher als die Versicherungssumme aus der Privathaftpflichtversicherung ist. Sie springt vor allem auch dann ein, wenn der Schädiger nicht zahlen kann, und wird als Ergänzung zur privaten Haftpflichtversicherung angeboten. Die Produkte enthalten oft auch interessante Deckungserweiterungen als Ergänzung zur Privathaftpflichtversicherung. Dieser Zusatz ist mit rund 60 Euro pro Jahr kostengünstig und für alle empfehlenswert.

Tätigkeitsschäden

Schäden an fremden Sachen

Darunter wird das „bewusste und gewollte Einwirken auf die beschädigte Sache" im Gegensatz zur zufälligen oder unabsichtlichen Einwirkung verstanden. Beispiel: Wenn Sie bei einem Besuch unabsichtlich über das Ladekabel des Laptops stolpern und dieser auf den Boden fällt und kaputt geht, ist der Schaden gedeckt. Heben Sie das Notebook hoch und rutscht es Ihnen dabei aus der Hand, sind Sie „tätig" geworden – sofern in Ihrer Haftpflichtpolizze Tätigkeitsschäden noch ausgeschlossen sind, müssen Sie den Schaden selbst begleichen. Oder: Jemand bittet Sie, mit seiner Kamera oder seinem Handy ein Foto zu schießen. Fällt Ihnen die Kamera aus der Hand und ist danach defekt, haben Sie einen Tätigkeitsschaden verursacht, den Sie selbst begleichen müssen. Es ist daher zu empfehlen, eine Polizze auszuwählen, in der Tätigkeitsschäden enthalten sind.

Keine voreiligen Zahlungen

Auch wenn der Schreck groß ist: Im Schadensfall ist sorgfältiges Vorgehen und Dokumentieren wichtig, daher Datum und Uhrzeit des Vorfalls sowie die Kontaktdaten des oder der Geschädigten, möglicherweise auch von Zeugen, notieren und den Schaden fotografieren. Hilfreich sind auch stichwortartige Notizen zum Hergang, damit in der Schadensmeldung genau beschrieben werden kann, wie der Schaden zustande kam. Sowohl bei Sach- als auch bei Personenschäden ist möglichst rasch mit der Haftpflichtversicherung, eventuell auch mit dem Rechtsschutzversicherer, Kontakt aufzunehmen.

Vorsicht bei Schadenersatzforderungen

Wenn Schadenersatzforderungen an Sie gestellt werden, leisten Sie auf keinen Fall ohne vorherige Abstimmung mit dem Versicherer eine Zahlung. Auch bei anderen Ansprüchen oder rechtlichen Schritten gegen Sie (wie Mahnklage, einstweilige Verfügung usw.) sollten Sie sich umgehend mit Ihrem Versicherungsbetreuer in Verbindung setzen. Erst dann entscheidet sich, ob überhaupt eine Schadenersatzpflicht besteht, und wenn ja, in welcher Höhe.

HINWEIS

Notieren Sie sich in der **Checkliste 5: Wie vorgehen im Schadensfall?** im Anhang Kontaktdaten oder die 24-Stunden-Hotlines Ihrer Versicherer. Unter den Musterbriefen finden Sie eine Vorlage für die Schadensmeldung.

Separate Haftpflichtbereiche

Die Privat-Haftpflichtversicherung kommt übrigens nicht in allen Lebensbereichen für verursachte Schäden auf. Damit die Versicherung im Schadensfall leistet, benötigen

- Autobesitzer für Schäden durch den Gebrauch ihres Autos eine gesetzlich verpflichtende Kfz-Haftpflichtversicherung (► Seite 69);
- Haus- und Grundbesitzer eine Grundstücks-Haftpflichtversicherung (► Seite 34);
- Hausbauer oder -renovierer eine Bauherren-Haftpflichtversicherung (► Seite 34);
- Hundehalter eine Hunde-Haftpflichtversicherung (► Seite 89);

- Inhaber eines Öltanks eine Umwelt-Haftpflichtversicherung;
- Gewerbetreibende und Selbstständige eine Betriebs-Haftpflichtversicherung.

Drohnen-Haftpflichtversicherung

Nicht nur Fotografen, Landwirte und Geologen, auch immer mehr Hobbypiloten schicken ihre sirrenden Flugobjekte in die Luft. Was sie vielfach nicht wissen: Mit Ausnahme von ausdrücklich als Spielzeug deklarierten Drohnen ist für die meisten der sogenannten Multicopter eine eigene Luftfahrt-Haftpflichtversicherung Pflicht. Sofern es sich nicht um Modellflugzeuge oder sogenannte Mini-Drohnen (unter 79 Joule Bewegungsenergie) handelt, sind sie sogar bei der Luftraumüberwachungsbehörde AustroControl zu registrieren.
Drohnenversicherungen sind schon ab unter 100 Euro pro Jahr zu haben, aber es lohnt sich, genau hinzusehen, was versichert ist. Bei manchen Drohnenpolizzen sind beispielsweise reine Vermögensschäden oder Ausfallsschäden nicht inkludiert. Das kann teuer werden, wenn das Fluggerät ungeplant zu Boden geht und zu aufwändigen Schäden an einem Haus, zu einer Massenkarambolage, zu Behinderungen des Zugverkehrs oder zu einem Betriebsausfall führt. Der Drohnenpilot haftet dann mit seinem Privatvermögen. Experten empfehlen daher eine Versicherungssumme von mindestens drei Millionen Euro.
Die schlichte Mitversicherung in der Haushalts-Haftpflicht-Polizze ist übrigens keine Option: Dort sind Schäden durch die Verwendung von Luftfahrzeugen üblicherweise ausgeschlossen.

Private Unfallversicherung

STECKBRIEF

Deckungsumfang. Versichert sind üblicherweise

- unmittelbar unfallbedingte Kosten, etwa für die Bergung (Such- und Transportkosten nach einem Unfall oder aus Berg- und Wassernot), Verletztentransport und Rückholung bei ärztlich empfohlenem Transport in das dem Wohnort nächstgelegene Krankenhaus) oder im Todesfall die Kosten für die Überführung;
- unfallbedingte Kosten, die innerhalb von vier Jahren nach dem Unfall entstehen, wie etwa Heilkosten (z.B. für die erstmalige Anschaffung künstlicher Gliedmaßen;
- die finanziellen Schäden bei bleibender Invalidität durch Unfälle in der Freizeit und beim Sport sowie damit verbundene Folgekosten;
- Einkommenseinbußen durch unfallbedingte Krankenstände oder Spitalsaufenthalte durch die Zusätze „Taggeld" und „Spitalsgeld".

Geltungsumfang. Möglich als Einzel-, Partner- oder Familienversicherung; auch für Alleinerziehende mit Kind, Vereine oder Firmenangehörige abschließbar.

Geltungsbereich. Üblicherweise weltweit.

Ein falscher Schritt kann das ganze Leben aus der Bahn werfen. Erst liegt man wochen- oder monatelang im Spital und danach kann man vielleicht seinen bisherigen Beruf nicht mehr ausüben. Am Arbeitsplatz, in der Schule, auf der Uni sowie auf dem Hin- und Rückweg greift die gesetzliche Unfallversicherung, wenn ein Missgeschick mit dauerhaften Folgen passiert. Die meisten Unfälle passieren aber im Haushalt, beim Sport und in der Freizeit. Und gar nicht einmal so wenige Personengruppen, allen voran Pensionisten, nicht erwerbstätige Partner wie Hausfrauen oder Hausmänner, aber auch Kleinkinder werden von der gesetzlichen Unfallversicherung überhaupt nicht erfasst.Die gesetzliche Krankenkasse trägt zwar die Kosten für Heilbehandlung und Rehabilitation. Den Verdienstausfall bei Dauerinvalidität ersetzt die gesetzliche Krankenversicherung aber ebenso wenig wie die Kosten für einen eventuell nötigen Wohnungsumbau oder Berge- und Rückholkosten. Finanziell gut abgesichert sind nur Arbeitsunfälle.

Einen weiter gehenden Schutz als die private Unfallversicherung bieten die Berufsunfähigkeits- und die Erwerbsunfähigkeitsversicherung, die nicht nur bei Arbeitsunfähigkeit durch einen Unfall, sondern auch in Folge einer Krankheit Versicherungsleistungen vorsehen (► Seite 61 und 64).

Große Spannen bei den Prämien und Leistungen

Große Bandbreite bei den Prämien für vergleichbare Leistungen

Private Unfallversicherungen bieten entweder eine einmalige Geldleistung bei bleibender Invalidität oder eine Unfallrente ab einem bestimmten Invaliditätsgrad. Übernommen werden auch Kosten für Heilung, Bergung und Rückholung oder es wird – oft als Zusatzbaustein – ein Geldbetrag pro Tag im Krankenhaus oder für jeden Tag der Arbeitsunfähigkeit vereinbart. Wie Tests immer wieder zeigen, gibt es bei den Tarifen beträchtliche Spannen, die keineswegs immer auf entsprechend großen Leistungsunterschieden beruhen. Auch hinsichtlich des Invaliditätsgrades (also ab welcher Art von bleibender Beeinträchtigung der Versicherer wie viel zahlt) und der Progression (dem prozentualen Wert, um den die Entschädigung ab einem bestimmten Invaliditätsgrad stufenweise ansteigt) gibt es große Unterschiede. Aufgrund der teils komplexen

Unfallversicherung – diese Begriffe sollten Sie kennen

Einmalige Geldleistung bei bleibender Invalidität. Die vereinbarte Summe wird im Fall einer Dauerinvalidität geleistet und richtet sich nach dem Invaliditätsgrad und der Gliedertaxe.

Gliedertaxe. Bezeichnet das Ausmaß der Invalidität bei Verlust oder Gebrauchsunfähigkeit von Gliedern, Organen und Sinnesorganen. Der Wert in der Gliedertaxe entspricht immer dem völligen (Funktions-)Verlust des jeweiligen Körperteils. Bei einer teilweisen Einschränkung oder einem Verlust (das genaue Ausmaß wird vom Arzt bestimmt) werden die in der Gliedertaxe angeführten Prozentsätze dementsprechend herabgesetzt. Für bestimmte Berufsgruppen sind spezielle Gliedertaxen sinnvoll (z.B. Verlust eines Fingers bei einem Chirurgen oder einer Pianistin). Es kann vereinbart werden, dass z.B. schon bei Verlust eines Fingers eine 100%ige Invalidität vorliegt.

Lineare Tarife. Bei einem linearen Tarif wird die vom Arzt festgestellte bleibende Invalidität in Prozent der Versicherungssumme geleistet. Beispiel: Bei einer Versicherungssumme von 100.000 Euro wird bei Feststellung einer Invalidität von 15 % eine Summe von 15.000 Euro geleistet.

Progression. Mit dem Stichwort Progression wird oft stark verkürzt der Prozentsatz bezeichnet, der je nach Schwere des Unfalls und daraus folgender Invalidität ausbezahlt wird. Niedrigere Invaliditätsstufen, etwa ein steifes Bein oder eine stark eingeschränkte Schulterbeweglichkeit, treten häufiger auf als fehlende Gliedmaßen oder gar 90- bis 100-prozentige Invalidität. In den meisten Angeboten steigt die Progressionskurve aber oft erst in den höheren Invaliditätsstufen, zum Beispiel ab 90 Prozent, deutlich an; darunter wird nur ein geringer Prozentsatz der vereinbarten Versicherungssumme ausbezahlt.

Spitaltagegeld. Darunter wird ein Geldbetrag für jeden Tag eines Krankenhausaufenthalts nach einem Unfall verstanden. Die Höhe kann vereinbart werden. Diese Leistung wird oft mit der Übernahme des Selbstbehaltes im Krankenhaus begründet. Achtung: Wer zum Beispiel eine private Zusatzkrankenversicherung (► Seite 79) hat, kann jedenfalls darauf verzichten!

Taggeld. Ein Taggeld wird für jeden Tag der Arbeitsunfähigkeit vereinbart. Das ist vor allem für Personen interessant, die aufgrund ihrer Tätigkeit einen tatsächlichen Verdienstentgang durch die vorübergehende Arbeitsunfähigkeit erleiden. Taggeldleistungen sind grundsätzlich teuer und in den allermeisten Fällen Luxus.

Unfallrente. Übersteigt der Invaliditätsgrad der versicherten Person einen vertraglich festgelegten Invaliditätsgrad, wird eine monatliche Rente zumeist lebenslang ausbezahlt. Die Leistung erfolgt hier nicht als Einmalzahlung, sondern als monatliche Rente.

Materie empfiehlt sich ein Gespräch bei einem guten Berater, der die individuellen Bedürfnisse und Voraussetzungen erfragt und einkalkuliert.
Als allgemeine Richtschnur für eine gute private Unfallversicherung kann für eine erwachsene Person von Jahreskosten von rund 200 Euro ausgegangen werden, für eine Familienversicherung sind es rund 300 Euro. Vergleichbare Produkte können aber auch doppelt so teuer sein – ein Vergleich lohnt sich. Die Versicherungssumme sollte jedenfalls mindestens das Sechsfache des Bruttojahreseinkommens ausmachen.

Das Wichtigste zuerst versichern

Wer weniger Prämie zahlen will, sollte in erster Linie darauf achten, den „Worst Case", also eine schwere, dauerhafte Invalidität, abzusichern. Man kann sich etwa für Versicherungszahlungen erst ab einer höheren Invalidität (zum Beispiel ab 25 Prozent) entscheiden – bei geringer Beeinträchtigung würde die Versicherung also gar keine Zahlungen leisten. Achten Sie bei den Zusatzleistungen auf Einschränkungen und finanzielle Obergrenzen. Versicherer verstehen sich auf feine Unterschiede. So kann etwa ein Angebot Unfälle aufgrund einer Bewusstseinsstörung decken (zum Beispiel Unfall nach einem Kreislaufkollaps), ein anderes Produkt jedoch einen entsprechenden Ausschluss vorsehen.

Die meisten Invaliditätsfälle liegen unter 50 Prozent

VKI-TIPP

Sparen lässt sich auch, wenn man bei den vielfach angebotenen Zusatzleistungen aussiebt. Ein Versicherungsschutz für Unfälle, wie sie beim Tauchen typisch sind, ist beispielsweise für Unterwasserfans durchaus sinnvoll. „Knochenbruchpauschalen", die dem Versicherten 250 oder 500 Euro in Aussicht stellen, wenn sie sich etwas brechen, oder die Übernahme von Schulausfallkosten für verunfallte Kinder sind hingegen eher verzichtbar.

Höhere Prämien für Abenteuersportler

Genau über seinen Versicherungsschutz informieren sollte sich, wer Risikosportarten ausübt. In vielen Angeboten gibt es Ausschlüsse oder niedrigere Versicherungssummen für gefährliche Sportarten. Was genau darunter zu verstehen ist, wird von den Versicherern unterschiedlich eingeschätzt: Kletterer zum Beispiel genießen oft bis zum Schwierigkeitsgrad IV Versicherungsschutz, höhere Schwierigkeitsgrade sind aber nicht mehr gedeckt. Auch beim Mountainbiken kommt es auf die Intensität an: Downhill-Mountainbiken ist sehr oft nicht versicherbar. Als kritisch gelten auch Kampfsportarten wie Vollkontakt-Karate, Boxen oder Kickboxen, ebenso Aktivitäten von großer Höhe herab wie Bungee-Jumping, Houserunning oder Kitesurfen. Sich bei der Antragstellung um seine „Hobbys mit dem gewissen Kick" herumzuschummeln, bringt nichts: Dann gibt es im Schadensfall keine Leistungen. Das gilt auch, wenn einige Zeit nach Abschluss der Polizze ein unfallträchtiger Sport hinzukommt und dem Versicherer gemeldet wird: Der kann in dem Fall den Vertrag abändern, zum Beispiel die Prämie erhöhen oder einen Selbstbehalt einführen, oder den Vertrag auch kündigen.

Unterschiedliche Risikoeinschätzung der Versicherer

Unfallträchtige Best Ager

Auch Senioren sollten sich die Versicherungsbedingungen (wieder einmal) genauer ansehen, wenn auch weniger im Hinblick auf Abenteuersport: Ab einem bestimmten Alter können nämlich Veränderungen vorgesehen sein, zum Beispiel reduzierte Leistungen oder steigende Prämien.

Wer etwas eher auf seine Altersgruppe Zugeschnittenes sucht, kann zu Senioren-Unfallprodukten greifen, sollte aber auch hier unbedingt mehrere Angebote vergleichen.

Automatische Mitversicherung über Vereine oft sehr limitiert

Durch die Mitgliedschaft bei einem Autoclub, einem Sport- oder Wanderverein oder auch über die Kreditkarte und die Reiseversicherung ist oft bereits (manchmal sogar mehrmals) ein gewisser Freizeitunfallschutz gegeben. Der sollte aber nicht dazu verleiten, sich in falscher Sicherheit zu wiegen: Die Deckung ist oft lückenhaft oder auf bestimmte Bereiche eingeschränkt, die Versicherungssummen sind gering. Sportlich Aktive sollten auf einen weltweit gültigen, auf den eigenen Bedarf zugeschnittenen Unfallversicherungsschutz nicht verzichten.

HINWEIS

Bereiten Sie sich mit Hilfe der **Checkliste 8: Private Unfallversicherung** im Anhang möglichst gut auf das Gespräch mit dem Berater vor. Je besser Sie Ihren Bedarf eingrenzen können, desto zielgerichteter wird die Auswahl der geeigneten Polizze.

Schüler- und Studenten-Unfallversicherungen

Geringe Leistungen bei Zahlschein-polizzen

Kinder sind nicht immer automatisch bei einer bestehenden privaten Unfallversicherung der Eltern mitversichert, können aber relativ kostengünstig inkludiert werden. Das ist sinnvoller als die zu Schulbeginn oft angebotenen Zahlschein-Unfallpolizzen. Sie kosten wenig, bieten bei schweren Unfällen aber keine ausreichende Deckung.

Studierende sind über den Pflichtbeitrag an die Österreichische Hochschülerschaft gesetzlich unfallversichert, Unfälle in der Freizeit bzw. daheim sind davon aber ebenso wie bei Schülern nicht umfasst. Speziell wenn neben der Uni viel Sport betrieben wird, ist daher eine private Unfallversicherung anzuraten. Die Höhe des Schutzes kann nach Bedarf vereinbart werden.

Homeoffice: Freizeit- oder Arbeitsunfall?

Im Büro ist die Sachlage klar: Wer auf dem Weg in die Kantine stolpert und sich den Arm so unglücklich bricht, dass er zukünftig seinem bisherigen Beruf nicht mehr nachgehen kann, hat einen Arbeitsunfall erlitten.

Aber wie ist das zu Hause auf dem Weg in die Küche? Bis vor Kurzem wäre so ein Hoppala nur dann in die gesetzliche Unfallversicherung gefallen, wenn man dabei zum Beispiel ein Dienstgespräch auf dem Handy geführt hätte; ansonsten hätte es als Freizeitunfall gegolten – mit dementsprechend schlechteren arbeitsrechtlichen Ausgangsbedingungen hinsichtlich Unfallrente oder Kostenersatz für weiterführende Therapien. Da sich die Zahl der daheim Arbeitenden seit der Corona-Pandemie vervielfachte, hat der Gesetzgeber die ursprünglich befristete COVID-Regelung mit April 2021 ins Dauerrecht übernommen: Unfälle im Homeoffice im Zusammenhang mit der beruflichen Beschäftigung gelten als Arbeitsunfälle. Das umfasst ebenso den Hin- und Rückweg vom Homeoffice zu einem Kundentermin, zum Arzt, in den Supermarkt zum Jausekaufen, wenn man in der Mittagspause in eine Gaststätte essen geht oder beispielsweise die Kinder in Kindergarten oder Schule bringt oder von dort abholt. Nicht gedeckt wäre hingegen, wenn man seinen Wochenendeinkauf während der Homeoffice-Zeit erledigt und dabei einen Unfall erleidet. Auch alle anderen „klassischen" Unfälle in Haus und Garten (beim Putzen, beim Garteln, beim Fußballspielen mit den Kindern) sind weiterhin durch eine private Unfallversicherung abzusichern.

(Risiko-)Ablebensversicherung

STECKBRIEF

Deckungsumfang. Versichert ist ein mögliches Ableben des Versicherten, um

- Hinterbliebene und Unterhaltsberechtigte finanziell abzusichern;
- Kredite zu besichern.

Mit einer Ablebensversicherung können Alleinerziehende, Familienerhalter oder auch Paare für den Fall ihres plötzlichen Todes dafür sorgen, dass ihren Hinterbliebenen finanzielle Mittel zur Verfügung stehen. Denn die gesetzliche Hinterbliebenenrente reicht selten aus, um den Lebensstandard zu halten. Stirbt der Versicherte während der vereinbarten Laufzeit (und nur dann), zahlt die Versicherung die vereinbarte Summe an die Hinterbliebenen als Einmalzahlung aus. Erlebt der Versicherte das Ende der vereinbarten Vertragsdauer, wird nichts ausgezahlt.

In letzterem Punkt unterscheiden sich reine Ablebensversicherungen von kombinierten Er- und Ablebensversicherungspaketen oder Fondsgebundenen Lebensversicherungen. Diese sind vor allem als Veranlagungsprodukte konzipiert. Wir widmen uns in diesem Ratgeber lediglich dem Versicherungspaket, also dem Versicherungsschutz für Hinterbliebene. Die Versicherungssumme kann frei gewählt werden und soll einen finanziellen Ausgleich schaffen, wenn die versicherte Person stirbt.

Gezahlt wird ausschließlich im Todesfall

Prämienbestimmende Faktoren

Ablebensversicherungen sind vergleichsweise einfache, nachvollziehbare Versicherungsprodukte. Festgelegt auf eine bestimmte Laufzeit, in der einem das Risiko besonders hoch erscheint, vereinbart man mit dem Versicherer eine bestimmte Versicherungssumme, die im eigenen Todesfall ausbezahlt wird. Die Prämienhöhe wird vor allem durch das Alter des Versicherten, die Höhe der Versicherungssumme, Laufzeit und Gesundheits- bzw. Risikofaktoren bestimmt.

Fragen zur Laufzeit

Zu kurz abzuschließen ist meist schlechter als zu lang, da mit jeder Verlängerung ein Neuvertrag entsteht, und das bedeutet: höheres Eintrittsalter, eventuell mehr Vorerkrankungen und somit deutlich höhere Prämien. Überlegen Sie sich anhand Ihrer Familiensituation, wie lange der Risikoschutz notwendig sein wird:

- Wie lange sind die Kinder noch in Ausbildung?
- Stehen in den nächsten Jahren noch dringende größere Investitionen an (Dach-/Wohnungssanierung, Auszug der Kinder)?
- Wie alt sind Sie, Ihr Partner – stehen Sie beide bereits kurz vor der Pensionierung und sind finanziell gut abgesichert?
- Sind größere Geldbeträge (Abfertigungen, Erbschaften) zu erwarten, die die Familie im Ernstfall auch ohne zusätzlichen Versicherungsschutz über Wasser halten würden?

Speziell was die Zusatzrisiken betrifft, kalkulieren die Versicherungsunternehmen unterschiedlich. Bei manchen Anbietern zahlen Raucher bis zum Doppelten an Prämie, andere unterscheiden nach dem Gesundheitszustand. Bei Vorerkrankungen, die über das gängige Maß hinausgehen, wird es überhaupt schwierig, einen Vertrag zu bekommen. Bei Versicherungssummen bis zu

150.000 Euro und einem Alter bis zu 50 Jahren reicht es meist, die Gesundheitsfragen im Antrag wahrheitsgemäß, am besten in Abstimmung mit dem Hausarzt, der zwischen relevanten und zu vernachlässigenden Erkrankungen unterscheiden kann, zu beantworten.

Große Prämienunterschiede

Zuschläge mit Vergleichsprogrammen oder Maklern checken

Ähnlich unterschiedlich bewertet werden gefährlichere Hobbys, etwa Motorradfahren, Paragliden oder Canyoning, sowie Berufe mit erhöhtem Todesfallrisiko, wie etwa bei Dachdeckern und Spenglern, Gerüstbauern, Industriekletterern oder auch Skitourenführern und Free-Climbing-Instruktoren. Nicht bei allen Versicherern gibt es dafür Zuschläge, daher ist es umso wichtiger, ein Versicherungsvergleichsprogramm mit dem eigenen Profil zu „füttern" oder einen unabhängigen Makler zu Rate zu ziehen. Denn die Spannen zwischen den Prämien sind groß: Bei völlig gleichen Voraussetzungen zahlen Sie bei einem teuren Anbieter drei- bis viermal so viel wie beim günstigsten.

Sprunghaft teurer

Groß ist auch die Bandbreite zwischen Jung und Alt: Ältere Versicherte müssen für einen Ablebensschutz von vornherein deutlich tiefer in die Tasche greifen als junge. Während ein Anbieter zum Beispiel einen 35-Jährigen bei einer Laufzeit von 20 Jahren und einer Versicherungssumme von 200.000 Euro für rund 120 Euro Jahresprämie versichern würde, käme ein 45-Jähriger bereits auf über 300 Euro jährlich, ein 50-Jähriger schon auf über 500 Euro.

VKI-TIPP

Günstige Tarife für Jüngere bei einem Anbieter bedeuten nicht automatisch auch günstigere Angebote für 40- oder 50-Jährige – und umgekehrt! Sehen Sie sich daher genau an, wer für Ihre Risikofaktoren und in Ihrer Altersklasse das beste Produkt im Talon hat.

Kreditrestschuldversicherung

Es muss nicht unbedingt das Angebot der Bank sein

Eine Variante der Ablebensversicherung ist die Kreditrestschuldversicherung, die bei größeren Krediten von Banken vorgeschrieben wird. Die Versicherungssumme ist in diesem Fall nicht frei wählbar, sondern wird durch die Kredithöhe bestimmt. Da der Kredit durch die Abzahlung immer kleiner wird, kann auch eine fallende Versicherungssumme vereinbart werden. Die Versicherungsprämie ist dadurch günstiger und kann entweder als Einmalprämie oder als laufende Prämie bezahlt werden.

Meist wird mit der Kreditaufnahme auch gleich eine solche Versicherung angeboten. Sie sind aber nicht verpflichtet, die Kreditrestschuldversicherung bei dem von Ihrer Bank vorgeschlagenen Versicherer abzuschließen. Da es auch hier erfahrungsgemäß große Prämienunterschiede

VKI-TIPP

Wählen Sie eine jährliche Zahlweise oder prüfen Sie auf jeden Fall, ob ein Unterjährigkeitszuschlag verrechnet wird. Werden die Prämien monatlich, viertel- oder halbjährlich bezahlt, können Unterjährigkeitszuschläge anfallen, die über die Jahre mehrere hundert Euro zusätzlich verschlingen, ohne dafür mehr Leistung zu erhalten.

gibt, nehmen Sie sich auf jeden Fall die Unterlagen vor Unterzeichnung mit nach Hause und suchen Sie per Internet-Vergleichsplattformen oder über den Betreuer Ihres Vertrauens nach Vergleichsangeboten.

Rechtsschutzversicherung

STECKBRIEF

Deckungsumfang. Versichert sind

- Verfahrenskosten in allen gerichtlichen Instanzen und bis zur Höhe der Versicherungssumme für Rechtsanwalt oder Notar, Gerichts- und Zeugengebühren, Sachverständige und Gutachter, Prozesskosten des Gegners;
- je nach Vertragsvereinbarung juristische Hilfe durch einen Anwalt;
- Beratung zu Rechten und Pflichten.

Geltungsumfang. Mitversichert sind

- im Privat-Rechtsschutz Lebensgefährten und Kinder; Enkelkinder, die im Haushalt des Versicherten leben;
- im Fahrzeug-Rechtsschutz der Eigentümer, Halter, Zulassungsbesitzer, Leasingnehmer, der berechtigte Lenker und Insassen.

Geltungsbereich. Je nach Vereinbarung österreich-, europa- oder weltweit.

Rechtliche Auseinandersetzungen können sich in zahlreichen beruflichen und privaten Lebensbereichen auftun. Dann ist es hilfreich, auf professionelle Unterstützung und Rechtsberatung bauen zu können. Doch die Kosten für Rechtsexperten, Gutachten und Gebühren können sich summieren. Um diese Ausgaben im Streitfall abzufedern, lässt sich eine Rechtsschutzversicherung abschließen.

Wer sich dadurch in allen rechtlichen Fragen finanziell auf der sicheren Seite wähnt, könnte allerdings eine Enttäuschung erleben, denn den Rundum-Sorglos-Rechtsschutz gibt es nicht. Der wäre einerseits kaum leistbar. Andererseits sind die meisten Rechtsschutzprodukte nach dem Baukastenprinzip aufgebaut: Ausgewählt werden die Bausteine, die man wirklich zu brauchen glaubt. Dadurch lässt sich auch vermeiden, dass man unter Umständen für einen Versicherungsschutz zahlt, den man gar nicht in Anspruch nehmen wird. So zahlt sich beispielsweise ein Kfz-Rechtsschutz (siehe dazu auch ► Seite 75) nur für jemanden aus, der Besitzer eines Autos ist, und ein Single ohne Aussicht auf Erbschaft und Nachkommen braucht keinen Rechtsschutz für Erb- und Familienrecht.

Bedarfsgerecht statt teurem Komplettschutz

HINWEIS

Die einzelnen Bausteine sind in der **Checkliste 9: Rechtsschutzversicherung** im Anhang einzeln beschrieben und mit Beispielen versehen. Wählen Sie dort die für Sie interessanten Sparten aus und sehen Sie sich vor einem Abschluss – am besten mit professioneller Hilfe eines auf Rechtsschutz spezialisierten Beraters – unbedingt auch die jeweiligen Ausschlüsse in den Allgemeinen Versicherungsbedingungen durch.

Im Paket wird's teuer

Die Frage, ob und wie viel Rechtsschutz man braucht, hängt von der persönlichen Risikoeinschätzung ab. Auch die persönliche Neigung, zu klagen, ist mit entscheidend, und nicht zuletzt kann jeder geklagt werden.

Von der Anzahl der gedeckten Schadensfälle her betrachtet sind die Bausteine „Schadenersatz- und Straf-Rechtsschutz" bedeutend, und auch der „Allgemeine Vertrags-Rechtsschutz für den Privatbereich" ist üblicherweise sehr gefragt. Das Problem an der Sache: Etliches, wie etwa der Vertrags-Rechtsschutz, ist nicht einzeln, sondern nur in Kombination mit anderen Bausteinen abschließbar, dadurch sind Rechtsschutzversicherungen generell keine Okkasion. Abgesehen vom Fahrzeug-Rechtsschutz, der auch allein abgeschlossen werden kann, werden die Rechtsschutzbausteine üblicherweise als Paket angeboten, wobei man bei den meisten Versicherern zwischen mehreren Paketen unterschiedlicher Ausstattung und unterschiedlicher Prämienhöhe wählen kann.

Einzelabschluss nur beim Kfz-Rechtsschutz möglich

VKI-TIPP

Prüfen Sie, ob nicht einzelne Teilbereiche bereits über diverse Mitgliedschaften ausreichend abgedeckt sind, zum Beispiel Arbeits- und Sozialrecht durch Arbeiterkammer oder Gewerkschaft, Mietrecht über die Mietervereinigung oder Teile des Kfz-Rechtsschutzes über einen Autofahrerclub. Ist ein Rechtsschutz nicht automatisch in der Mitgliedschaft inkludiert, wird dieser oft als Serviceleistung zu günstigen Konditionen angeboten. Auch eine private Haftpflichtversicherung (► Seite 43) und die Kfz-Haftpflicht (► Seite 69) zahlen nicht nur für Schäden, die Sie angerichtet haben, sondern wehren auch unberechtigte Forderungen ab.

Schutz mit beschränkter Haftung

Bei den gewählten Bausteinen und Paketen ist sehr genau auf Ausschlüsse und Ausnahmen zu achten. Oft sind ausgerechnet jene Alltagsbereiche, in denen es erfahrungsgemäß häufig zu rechtlichen Auseinandersetzungen kommt, vom Rechtsschutz ausgenommen, insbesondere Familien- und Erbschaftsfälle oder Miet- und Pachtvertragsstreitereien. Auch in anderen Sparten erleben Versicherte immer wieder ihr blaues Wunder. Beispiel Allgemeiner Vertrags-Rechtsschutz: Gerät man bei einem Wohnungs- oder Hauskauf in rechtliche Auseinandersetzungen, sind Gerichts- und Anwaltskosten nicht gedeckt. Beispiel Grundstückseigentums- und Miet-Rechtsschutz: Streitigkeiten beim Kauf oder Verkauf einer Wohnung oder eines Eigenheims sind nicht gedeckt.

Vieles ist überhaupt vollständig aus dem Versicherungsschutz ausgeklammert, wie etwa Rechtsschutz bei Auseinandersetzungen rund um die Vermögensveranlagung, Trennung oder Scheidung oder für Streitigkeiten beim Hausbau. In den vergangenen Jahren wurde in diesen Bereichen der Leistungsumfang in den Musterbedingungen deutlich reduziert oder ganz aufgehoben. Deshalb gilt auch erhöhte Vorsicht, wenn bei bestehender Rechtsschutzpolizze vom Versicherer ein Schreiben auf Neuanpassung des Vertrags eintrudelt: Während mit höheren Versicherungssummen oder Zusatzdeckungen geworben wird, fallen unter Umständen andere wichtige Leistungen weg.

Viele Alltagsbereiche mit hohem Streitpotenzial ausgenommen

Fachlich spezialisierte Beratung suchen

Beim Angebotsvergleich ist nicht nur auf die Prämienhöhen zu achten, sondern auch auf den Leistungsumfang, die Versicherungssumme, die inkludierten Zusatzleistungen, aber vor allem auch auf die Ausschlüsse. Die Allgemeinen Bedingungen für die Rechtsschutzversicherung

Neue Bausteine: oft wenig Substanz

Versicherer haben das Ohr am Puls der Zeit und entwickeln regelmäßig neue, zeitgemäße Rechtsschutzbausteine. Doch der praktische Wert mancher modernen Erweiterungen bleibt hinter den vielversprechenden Bezeichnungen zurück. Zwei Beispiele.

Mobbing- und Stalking-Rechtsschutz. Ständiges Nachstellen, SMS-Bombardements, Anrufterror oder über die sozialen Medien verbreitete Gemeinheiten können einem das Leben zur Hölle machen. Mit diesem Rechtsschutzbaustein hilft der Versicherer bei der Erwirkung einer einstweiligen Verfügung gegen die verursachende Person; unter Umständen ist auch die Übernahme von Kosten für eine psychologische Betreuung vorgesehen. Geldleistungen für erlittene Schäden sind hier aber entweder gar nicht oder nur bis zu einigen hundert Euro vorgesehen.

Daten-Rechtsschutz. Einmal ins Internet gestellt, bleiben private Daten dort oft wie in Stein gemeißelt. Mit entsprechendem Rechtsschutz gibt es Unterstützung bei der Geltendmachung des „Auskunfts-, Löschungs- oder Richtigstellungsbegehrens gegen private Datenverarbeiter", Erfahrungen aus Verbraucherschutzsicht, ob und unter welchen Bedingungen die Versicherer dann leisten, gibt es allerdings noch kaum.

(kurz: ARB) sind ein sehr komplexes, umfangreiches Regelwerk, das selbst versicherungserfahrene Personen herausfordert; umso weniger ist es für Laien durchschaubar. Daher sollte unbedingt ein auf Rechtsschutz spezialisierter Berater – am besten ein unabhängiger, in dieser Sparte versierter Makler – beigezogen werden, der die Feinheiten der von verschiedenen Versicherern angebotenen Produkte kennt. Verursacht der Versicherungsmakler durch einen Fehler bei Risikoanalyse und/oder Auswahl eines Produkts eine vermeidbare Deckungslücke, dann haftet er gegenüber dem Kunden für den Schaden.

Dringend empfohlen: spezialisierte Beratung

VKI-TIPP

Auch bei der Prämie für den Rechtsschutz lässt sich sparen:

- Viele Verträge werden langfristig auf zehn Jahre mit 20-prozentigem Dauerrabatt angeboten. Möchten Sie vorzeitig aussteigen, müssen Sie den Rabatt nachzahlen. Aber bei einigen Anbietern sind auch kürzere Laufzeiten zu konkurrenzfähigen Prämien möglich.
- Die Kombination von zwei Verträgen (z.B. Privat- mit Kfz-Rechtsschutz) ist zumeist günstiger als zwei Einzelverträge.
- Eine Selbstbehaltsvariante kann 10 bis 20 Prozent Prämienersparnis bringen, sollte aber eher nur gewählt werden, wenn Sie sich eher für richtig große rechtliche Auseinandersetzungen versichern wollen. Sonst lohnt sich die Prämienreduktion kaum (siehe das Beispiel bei der Kfz-Rechtsschutz auf ► Seite 75).
- Manche Anbieter gewähren zusätzlich Rabatte, vor allem wenn schon mehrere Verträge bestehen, oder Konkurrenzrabatte für Neuabschlüsse.

Leistungsausschlüsse und Wartefristen

Um im Streitfall und bei Inanspruchnahme des Rechtsschutzes nicht herbe Enttäuschungen zu erleben, muss bei einer zielgerichteten Beratung auch auf Wartezeiten und Leistungsfristen hingewiesen werden. Damit der Versicherer eine Deckung übernimmt, muss der Versicherungsnehmer nämlich darlegen, dass der „anspruchsbegründende Umstand" in versicherter Zeit (und nicht davor!) eingetreten ist. So muss beispielsweise der Baustein „Erbrecht" mindestens bereits ein Jahr vor dem Ableben des Erblassers abgeschlossen worden sein, damit Deckung für daraus entstandene Streitigkeiten besteht.

Laufende Auseinandersetzungen von vornherein ausgeschlossen

Zu beachten ist dabei, dass jede Rechtsschutzversicherung grundsätzlich immer nur für „neue" Streitfälle gilt. Es nützt also nichts, nach Ablauf der Wartefrist einen Prozess gegen den Nachbarn anzustrengen, mit dem man schon seit Jahren im Dauerclinch liegt. Die Wartefristen liegen je nach Sparte zwischen drei (beispielsweise für Vertrags-Rechtsschutz) und zwölf Monaten (etwa für Erbrechtsschutz).

Wegen schlechter Aussichten abgelehnt

Als weitere, nicht unwesentliche Hürde auf dem Weg zur Versicherungsleistung kommt das Spezifikum der Prüfung auf Erfolgsaussicht hinzu: Falls der Versicherer innerhalb von zwei bis maximal drei Wochen nach Anfrage des Versicherten – schriftlich und begründet – zu dem Schluss kommt, dass eine Rechtsdurchsetzung keine Aussichten auf Erfolg birgt, kann er die Übernahme der Kosten ablehnen. Deshalb ist es auch wichtig, nie auf eigene Faust loszulegen, sondern immer zuerst eine Deckungszusage des Rechtsschutzversicherers einzuholen. Hat man sich mit seinem Fall bereits an einen Anwalt gewandt, so übernimmt dieser üblicherweise das Einholen der Deckungszusage. Bei einer Ablehnung kann der Versicherte innerhalb eines Monats ein Schiedsverfahren der Rechtsschutzversicherung einleiten. Stellt ein Gutachter fest, dass die Leistungsabsage teilweise oder ganz unberechtigt war, muss der Versicherer die Kosten für die Schiedstätigkeit tragen. Im anderen Fall muss der Versicherte die Gutachterkosten bezahlen – ein Weg, der sich also aufgrund des Kostenrisikos nur lohnt, wenn es um einen hohen Streitwert geht. Eine Ablehnung wegen mangelnder Erfolgsaussichten sollten Sie von einem Fachmann überprüfen lassen. Oft sind derartige Ablehnungen ungerechtfertigt.

Keine rechtlichen Schritte ohne Deckungszusage setzen

Kündigung nach Schadensfall

Immer wieder für Überraschung bei Versicherten sorgt übrigens auch, dass Rechtsschutzversicherer die Polizze nach einem Schadensfall kündigen können. Der Wechsel zu einem anderen Anbieter ist unter Umständen nicht so einfach: Der neue Versicherer fragt nach, ob man schon einmal von einem Rechtsschutzversicherer gekündigt wurde, und winkt in diesem Fall möglicherweise dankend ab.

Zusammenfassend gilt: Ein Rechtsstreit wird nur in seltenen Fällen existenzbedrohend sein. Bevor hier viel Geld in die Hand genommen wird, sollten auf jeden Fall die wirklich schlimmen Lebensrisiken – Verlust von Haus oder Wohnung, bleibende Invalidität und existenzbedrohliche Haftungsforderungen – ausreichend versichert sein.

Reiseversicherung

STECKBRIEF

Deckungsumfang. Versichert sind je nach gewählter Produktvariante

- Behandlung und Rücktransport nach Österreich bei Erkrankung oder Unfall am Urlaubsort, Überführung im Todesfall;
- Bergekosten, Leistungen bei bleibender Invalidität und Unfalltod;
- Diebstahl, Verlust und verspätete Auslieferung von Reisegepäck;
- Storno oder Abbruch der Reise.

Geltungsumfang. Lebensgefährten, Kinder und Enkelkinder, die im Haushalt des Versicherten leben, können mitversichert sein.

Geltungsbereich. Je nach Vereinbarung europa- oder weltweit.

Auf Reisen kann man was erleben, speziell dann, wenn sie nicht ganz so verlaufen wie geplant. Schiefgehen kann jede Menge, und das schon vor Reiseantritt. Zum Beispiel, wenn Flug und Unterkunft schon lange gebucht oder bezahlt sind und dann wird einer der Beteiligten so krank, dass an ein Wegfahren nicht zu denken ist. Oder das Pech schlägt während des Urlaubs zu, etwa mit einem Stolperer beim Abendspaziergang, durch den man mit gebrochenen Knochen im nächstgelegenen Krankenhaus landet. Je nach Reiseziel kann das teuer werden – oder richtig unangenehm, wenn die medizinische Versorgung nicht auf dem Stand wie daheim ist.

Einzeln oder im Paket – je nach Reise verschieden

Mit einer Reiseversicherung lassen sich so manche Alptraumszenarien ein wenig entschärfen. Sie setzt sich aus vier Bausteinen zusammen (siehe Kasten unten „Vernünftig versichert auf Reisen"), die einzeln oder als Komplettpaket abgeschlossen werden können. Als fünfte Möglichkeit, die in manchen Paketen schon inkludiert ist, kommt eine Reisehaftpflicht hinzu, sofern man nicht über eine Haushalts- und somit private Haftpflichtversicherung (► Seite 43) mit europa- oder weltweitem Schutz verfügt.

Vernünftig versichert auf Reisen

Versicherungsbaustein; übliche Leistung	Stolpersteine	Möglicherweise gedeckt über ...
Reisestornoversicherung • Ersatz der Stornokosten • Ersatz eines Stornoselbstbehalts • Ersatz von Reiseabbruch- bzw. Extra-Rückreisekosten	• Unterschiede zwischen Storno- und Stornoselbstbehaltversicherung • Bestimmte Risiken (etwa chronische Erkrankungen) nicht/nur beschränkt mitversicherbar • Achtung: Storno unverzüglich beim Veranstalter melden • Bei separater Buchung von Flug und Aufenthalt zwei Stornoversicherungen notwendig • Pandemieausschluss	• Kreditkarte
Auslandsreise-krankenversicherung • Krankenbehandlung im Ausland • Krankentransport nach Österreich • Überführung Verstorbener	• Unbedingt Rechnungen verlangen • Rücktransport oft nur bei medizinischer Notwendigkeit • Achtung: betragsmäßige Obergrenzen • Achtung Ausnahmen, etwa bestehende Erkrankungen • Pandemieausschluss	• Gesetzliche Krankenversicherung (in Ländern mit Sozialversicherungsabkommen) • Private Zusatzkrankenversicherung • Kreditkarte
Reiseunfallversicherung • Bergekosten • Leistungen bei bleibender Invalidität • Leistungen bei Unfalltod	• Leistungen oft erst ab einer Dauerinvalidität von 50% • Deckungssummen oft zu niedrig • Gefährliche Sportarten müssen extra versichert werden	• Private Unfallversicherung • Mitgliedschaft in Vereinen (wie Alpenverein, Naturfreunde) • Kreditkarte
Reisegepäckversicherung • Beschädigung/Verlust des Reisegepäcks • Verspätete Auslieferung	• Sehr restriktive Sorgfaltspflichten, vor allem bei Wertgegenständen • Unbedingt Rechnungen sammeln. Polizeiliche Meldung bei Diebstahl	• Teilweise über die Haushaltsversicherung • Kreditkarte
Reisehaftpflichtversicherung • Übernimmt gerechtfertigte Schadenersatzansprüche an den Versicherten und wehrt ungerechtfertigte Ansprüche ab	• Deckungsbereich prüfen – Vielreisende sollten weltweiten Schutz haben • Schadensabwicklung in Kooperation mit dem Versicherer	• Private Haftpflichtversicherung (inkludiert in Haushaltsversicherung) • Kreditkarte

Ob und welche Form der Reiseversicherung sinnvoll ist, hängt sehr stark von Art und Ziel der Reise und von den persönlichen Rahmenbedingungen ab. Bucht man einen Last-Minute-Urlaub, braucht man kein Komplettpaket mit Stornoversicherung. Und für einen Städteurlaub in der Schweiz oder in Deutschland ist man mit der e-card gut aufgehoben. Andererseits gibt es Länder, in denen etwa eine Reisekrankenversicherung zur Einreise verpflichtend ist, oder auch Destinationen, wo sie zwar nicht vorgeschrieben, aber höchst empfehlenswert ist – etwa in den USA, die für besonders hohe Behandlungskosten in Spitälern berüchtigt sind.

VKI-TIPP

Wichtig ist, für jene Fälle vorzusorgen, die wirklich an die finanzielle Substanz gehen können. Das sind vorrangig teure Krankenbehandlungen, etwa nach einem Unfall, für die sich schnell einmal fünfstellige Beträge ansammeln können, oder ein notwendiger medizinischer Rücktransport aus dem fernen Ausland. Eine verspätete Anlieferung des Reisegepäcks oder der Diebstahl des Handys sind im Vergleich dazu wohl zu verschmerzen.

Reisestornoversicherung

Die Reisestorno wird oft zum Abschluss einer Buchung, sei es im Reisebüro oder auf einer Online-Plattform, noch „für alle Fälle" angeboten. Die Prämie ist gering, sodass man sich rasch zum Abschluss hinreißen lässt. Doch auch die Leistungen sind dann meist bescheiden. Vor einem Abschluss sollten daher unbedingt die Versicherungsbedingungen durchgelesen werden:

Überlegenswert bei Frühbuchung und kostspieligen Reisen

- Ist ein Selbstbehalt vorgesehen (oft bis zu 20 Prozent des erstattungsfähigen Schadens)?
- Bei welchen Rücktrittsgründen gilt der Versicherungsschutz, was ist von vornherein ausgeschlossen (vor allem bei Basispaketen zählen oft nur schwerwiegende Ereignisse wie plötzliche Erkrankung oder Todesfälle in der Familie)?
- Bis wann ist die Versicherung abzuschließen (in vielen Fällen schon am Tag der Reisebuchung, sonst fällt eine Wartefrist bis zu zehn Tagen an)?

VKI-TIPP

Eine Stornoversicherung ist am ehesten sinnvoll für Frühbucher, die lange vor Reiseantritt buchen, bei kostspieligen Reisen und bei größeren Familien mit Kindern, wo es schnell einmal zu Krankheiten vor Reisebeginn kommen kann.

Auslandsreisekrankenversicherung

Vorerkrankungen unbedingt bekannt geben

Für viele zweifelsohne der wichtigste Schutz im Urlaub sind die Reisekranken- und Reiseunfallversicherung, da die durch einen Krankenhausaufenthalt entstehenden Kosten rasch existenzbedrohend werden können. Vorsicht ist hier angesagt für chronisch Kranke, die nur teilweise oder eingeschränkt versichert werden. Wie in vielen anderen Versicherungssparten gilt auch hier: Bestehende Krankheiten unbedingt vorher angeben!

Die Sorge, Wochen in einem Krankenhaus in der Fremde verbringen zu müssen, wo einen niemand versteht, kann durch den Baustein „Reiserücktransport" gemildert werden. Hier ist unbedingt vorher zu klären, ob auch in die Heimat überführt wird, wenn es nur medizinisch sinnvoll, aber nicht notwendig ist. Achtung auch bei längeren Auslandsaufenthalten, etwa als Au-pair, bei einem Auslandssemester oder beim Jobben im Ausland: Hier ist eine spezielle Absicherung notwendig.

Auslandsreisekrankenversicherungen gelten üblicherweise nur für eine begrenzte Reisedauer. Wer mehrmals pro Jahr verreist, sollte über eine Jahrespolizze nachdenken. Das kommt für Vielreisende jedenfalls günstiger und erspart die Auswahl und Auseinandersetzung mit dem Thema vor jeder Reise.

VKI-TIPP

Ein Versicherungsschutz bei Erkrankungen und Unfällen im Ausland ist sinnvoll für Reisen in Länder ohne Sozialversicherungsabkommen mit Österreich sowie in Länder, wo die Krankenbehandlung teurer ist als bei uns (etwa in den USA), oder in Regionen, wo der nächste (Kassen-)Arzt weit weg ist – das kann auch in Urlaubsgebieten in Europa der Fall sein.

Reiseunfallversicherung

Viele Ausschlüsse, wenig Leistung

Reine Reiseunfallversicherungen sehen oft zahlreiche Ausschlüsse vor, insbesondere von riskanten Sportarten und Hobbys, und teilweise viel zu geringe Deckungssummen. Bezahlt wird oft erst ab einer 50-prozentigen Invalidität. Zielführender ist der Abschluss einer privaten Unfallversicherung (► Seite 45) für den gesamten Freizeitbereich mit weltweiter Gültigkeit und ausreichend hohen Versicherungssummen im Fall von Bergung, Rücktransport und vor allem Invalidität.

Reisegepäck- oder Reisekaskoversicherung?

Bei Reisenden beliebt, aber oft hinausgeworfenes Geld ist der Abschluss des Bausteins Reisegepäckversicherung: Die wirklich wertvollen Dinge sind meist nicht versichert, und damit der Versicherer für Diebstahl oder Beschädigung des Gepäcks Ersatz leistet, muss man schon fast darauf gesessen sein. Sollen technische Geräte, Fotoausrüstung, Uhren, Sportgeräte oder andere wertvolle Gegenstände versichert sein, ist besonders auf die Sorgfaltspflichten in den Versicherungsbedingungen zu achten und nachzufragen, was genau der Versicherer unter „sicherer Verwahrung" versteht. Für die Aufbewahrung im Auto gelten besonders strenge Kriterien – das Abstellen auf einem bewachten öffentlichen Parkplatz reicht zum Beispiel nicht aus. Der eigene Hausrat, zu dem alle Ihre beweglichen Güter zählen, ist übrigens zum Teil auch über die Haushaltsversicherung gedeckt, wenn zum Beispiel im versperrten Hotelzimmer aufbewahrt. Auch hier gilt: Konditionen überprüfen!

Bei Reisen mit Auto oder Motorrad Kfz-Haftpflichthöhe im Ausland prüfen

Sinnvoller als eine Gepäckversicherung ist eventuell eine für die Reise abgeschlossene Kaskoversicherung: In manchen Nachbarländern oder beliebten Reisedestinationen (etwa Griechenland, Serbien oder die Türkei) ist die Kfz-Haftpflichtdeckung (► Seite 69) deutlich niedriger als hierzulande. Gerät man schuldlos in einen Unfall, bleibt man möglicherweise auf einem Teil des Schadens sitzen. Neben den Haftpflichtversicherern bieten auch Automobilclubs entsprechende Reisekaskos an.

VKI-TIPP

Wenn Sie bereits eine Haushaltsversicherung mit inkludierter Haftpflicht haben, ist eine eigens abgeschlossene Reisehaftpflichtversicherung nicht erforderlich. Überprüfen Sie jedoch vor einer Überseereise, ob Ihre Haftpflichtversicherung weltweit gilt, und beantragen Sie beim Haushalts-/Haftpflichtversicherer gegebenenfalls eine Erweiterung.

Nicht ins Blaue versichern

Bei der Reiseversicherung rein auf die Prämienhöhe zu achten, ist nicht zu empfehlen, denn neben der Anzahl und Höhe der gewählten Produktvarianten und Leistungen hängt diese auch von der Anzahl der mitversicherten Personen, von der Versicherungsdauer (einmalig oder Jahrespaket) und nicht zuletzt von der Reisedestination ab – die Krankenversicherungssumme für einen Camping-Trip durch die USA wird aller Wahrscheinlichkeit nach höher sein als für einen Badeurlaub in Bulgarien.

Mini-Polizzen von Reiseportalen oft völlig unzureichend

Vor allem die im Reisebüro mit der Urlaubsbuchung ausgegebenen Zahlscheinpolizzen wirken oft relativ günstig, ebenso die über Reiseportale angebotenen Polizzen. Doch viele davon bieten im Fall des Falles wenig Leistung, dafür aber Selbstbehalte und wenig Flexibilität. Um die monatlichen Prämien optisch niedrig zu halten, sind die Versicherungssummen speziell in den Reiseportal-Angeboten oft viel zu niedrig angesetzt. Dafür können Risiken, die vielleicht schon durch andere Polizzen gedeckt sind, nicht ausgeschlossen werden. Und nicht zuletzt fehlen bisweilen grundlegende Informationen zum Versicherungsschutz. Nach Abschluss erhält man zwar kurze Informationen wie Reiseziel, Datum, Personennamen und Höhe der zu entrichtenden Prämie, genauere Produktbeschreibungen müssen allerdings meist – falls überhaupt vorhanden – auf eigene Faust mühsam auf der Website des Anbieters oder des verlinkten Kooperationspartnern zusammengesucht werden.

Im Schadensfall

Notruf-Hotline auch auf Papier mit auf Reisen nehmen

Egal ob man über Kreditkarte, Autofahrerklub oder eigene Reisepolizze versichert ist: Für Notfälle im Ausland gibt es immer eigene Notruf-Hotlines, über die Serviceleistungen oder Soforthilfe im Unglücksfall angeboten werden. Zum Beispiel sofortige Schadensaufnahme, die Organisation der Rückreise, Rücktransporte usw. Wichtig ist, dass jeder einzelne Reisende diese Telefonnummer immer mit sich führt (nicht nur ins Handy eingetippt, sondern auch auf Papier, falls das Handy abhandenkommt!), damit der Versicherer ohne Zeitverzögerung verständigt werden kann und notwendige Maßnahmen von Österreich aus rasch organisiert werden können.

Damit es bei der Entschädigung für verlorene oder gestohlene Gepäckstücke keine Probleme gibt, muss schon vor Ort für eine möglichst lückenlose Dokumentation gesorgt werden, also: Schaden sofort melden, zum Beispiel im Hotel, bei der Polizei anzeigen und eine Bescheinigung darüber verlangen, alle Beweise (Belege, schriftliche Zeugenaussagen usw.) aufheben und dem Versicherer in Kopie übergeben.

VKI-TIPP

Werden Sie für medizinische Leistungen im Ausland zur Kasse gebeten, verlangen Sie unbedingt eine Behandlungsbestätigung sowie eine detaillierte Rechnung mit Angabe von Name, Geburtsdatum, Art der Erkrankung und Behandlung. Das erleichtert nicht nur die Verrechnung mit der Reiseversicherung, sondern auch mit der Krankenkasse.

HINWEIS

Die wichtigsten Fragen zur Reiseversicherung mit weiteren Details und hilfreichen Informationen zur Auswahl finden Sie in der **Checkliste 10: Reiseversicherung** im Anhang.

Rund um Arbeit und Beruf

– Versichern gegen Berufsunfähigkeit
– Basisschutz für den Worst Case: Erwerbsunfähigkeitsversicherung

Berufsunfähigkeitsversicherung

STECKBRIEF

Deckungsumfang. Versichert ist

- eine Berufsunfähigkeit durch Unfall oder Krankheit, die mindestens sechs Monate lang anhält, wobei die Arbeitsfähigkeit im bisherigen Beruf im Vergleich zu einer körperlich und geistig gesunden Person um mehr als 50 Prozent reduziert sein muss.

Ein Bandscheibenvorfall, massive Hautausschläge, Herzprobleme oder Depression – eine schwerwiegende Erkrankung oder ein Unfall stellt meist das gesamte Leben auf den Kopf. Wer nicht mehr in seinem (erlernten) Beruf arbeiten kann, muss dann neben körperlichen und psychischen Beeinträchtigungen häufig auch beträchtliche Einkommensverluste hinnehmen. Von staatlicher Seite wird für solche Schicksalsschläge mit einer Invaliditäts-, Erwerbs- oder Berufsunfähigkeitspension vorgesorgt. Die liegt im Durchschnitt bei nicht einmal 1.300 Euro. Das ist nicht üppig, schon gar nicht, wenn monatliche Tilgungsraten zu bedienen oder Partner und Kinder zu versorgen sind. Das Problem ist umso gravierender, je jünger jemand ist, denn die Pensionshöhe richtet sich nicht nur nach dem bisherigen Einkommen, sondern auch nach den Beitragsjahren. Bis zu einem Alter von 45 bis 50 Jahren kann es also sehr eng werden, wenn das einkommensstärkste Familienmitglied ausfällt.

Vor allem in jüngeren Jahren geringe Sozialversicherungsrente

Rettungsschirm bei Erkrankungen

Abhilfe schafft eine private Berufsunfähigkeitsversicherung (BU), die für diesen Fall eine monatliche Zusatzrente bis zu einem vorher vereinbarten Zeitpunkt bietet. Im Gegensatz zur privaten Unfallversicherung (► Seite 45) leistet die BU auch bei Arbeitsausfall durch Erkrankung, und die tritt bei weitem häufiger ein als ein Unfall: Bei mehr als 90 Prozent aller Arbeitsausfälle und langen Krankenstände sind Krankheiten die Ursache, allen voran psychische und Verhaltensstörungen (wie Burnout oder Depressionen), gefolgt von Erkrankungen des Skeletts, der Muskeln und des Bindegewebes.

Unfall- oder Berufsunfähigkeitsversicherung?

	Unfallversicherung	Berufsunfähigkeitsversicherung
Wann zahlt die Versicherung?	bei dauerhafter körperlicher Beeinträchtigung nach einem Unfall	bei Berufsunfähigkeit infolge von Krankheit oder Unfall
Wie sieht die Leistung aus?	einmaliger Betrag und/oder monatliche Rente	monatliche Rente
Was spricht für die Versicherung?	Bei jüngeren Menschen (vor allem leidenschaftlichen Sportlern) besteht eher erhöhte Gefahr für Unfälle als Erkrankungen. Außerdem können viele nach einem Unfall mit Teilinvalidität noch weiterarbeiten, brauchen aber rasch einen größeren Betrag, um die eigene Wohnung behindertengerecht umzubauen.	Circa 90 Prozent aller Fälle von Berufsunfähigkeit sind krankheitsbedingt und nicht durch Unfälle verursacht. Die staatliche Berufsunfähigkeitspension ist vor allem in jungen Jahren sehr gering.

Schlechte Chancen bei hohem Berufsrisiko oder Vorerkrankungen

BUs gibt es als eigenes Produkt oder als Zusatzversicherung zu Lebensversicherungen. Wer gezielt vorsorgen möchte, ist mit einer reinen Berufsunfähigkeitsversicherung besser dran als mit einem Kombinationsprodukt mit weniger Flexibilität und schlechteren Konditionen.

Billig ist eine BU in keinem Fall, richtig teuer wird es aber für bestimmte Berufsgruppen mit hohem Unfall- oder Erkrankungsrisiko wie Dachdecker, Bauarbeiter oder Friseure (Allergien!), oder wenn man relativ spät einsteigt und eine Versicherungsdauer bis 65 Jahre wählt. Für Menschen mit Vorerkrankungen oder bestimmte Berufsgruppen wie Berufssoldaten und Berufssportler, Künstler oder Pyrotechniker findet sich überhaupt nur sehr schwer ein Anbieter.

Sparen bei der Prämienhöhe

Damit die private Berufsunfähigkeitsversicherung kein zu großes Loch in das Haushaltsbudget frisst, sollten alle Möglichkeiten genutzt werden, um die Prämie niedrig zu halten. Eine davon ist, die Versicherung gezielt für den Zeitraum abzuschließen, in dem einen ein Verdienstausfall besonders hart treffen würde – etwa zwischen 30 und 55 Jahren, weil da die Kinder noch klein sind; oder weil man in den Jahren danach vielleicht fix mit einer größeren Summe durch eine Erbschaft, eine ablaufende Veranlagung oder Ähnliches rechnen kann. Ein 25-jähriger Lehrer zum Beispiel, der die Versicherungsdauer bis zum 45. Lebensjahr beschränkt, zahlt um zwei Drittel weniger Prämie als sein Kollege, der sich bis zum 65. Lebensjahr gegen Berufsunfähigkeit versichert.

Unterschiedliche Berufseinstufungen

Sparen lässt sich vielleicht auch bei der persönlichen Einstufung. Die Versicherungsgesellschaften teilen Berufe in unterschiedliche Risikogruppen ein: In einer Gruppe werden etwa Berufe mit geringem Risiko erfasst, wie etwa Ärzte, Anwälte und Lehrer, in den hinteren Gruppen finden sich Berufe mit hohem Risiko, wie etwa Bauarbeiter. Da die Einstufung nicht bei allen Versicherern gleich ist, lohnt es sich auch deshalb, einen genauen Vergleich anzustellen.

Finanzielle Situation durchrechnen

Eine weitere Möglichkeit wäre auch, mit einer Rente zu kalkulieren, die zwar nicht den gewohnten Lebensstandard finanzieren würde, aber im Fall des Falles trotzdem ein wertvoller Zuschuss wäre. Folgende Überlegungen sollten dabei ins Kalkül genommen werden:

- Welche Mittel sind aktuell vorhanden?
- Welche Kosten müssen monatlich gedeckt werden?
- Welche Kosten würden wegfallen (etwa bei Pendlern das Zweitauto, ein Jahresticket)?
- Wie realistisch wäre ein Umzug in günstigere Wohnräume?
- Wäre ein Wechsel in einen anderen Beruf denkbar?
- Könnte das Einkommen des Partners eine (vorübergehende) Arbeitsunfähigkeit auffangen?

Vom Chief Officer zum Security Officer

Auf die Details in den Bedingungen achten

Sobald die persönlichen Voraussetzungen geklärt sind, sollte man verschiedene Angebote einholen, denn unsere Erhebungen haben große Unterschiede zwischen den einzelnen Versicherern gezeigt. Das betrifft nicht nur die Prämienhöhe und die teils sehr unterschiedliche Einstufung je nach Beruf, sondern auch die Vertragsbedingungen. So können etwa bestimmte Klauseln den privaten Versicherungsschutz stark einschränken (siehe folgenden Kasten „Versicherungsbegriffe: Ist das gut oder schlecht?"). Wichtig ist etwa, dass die BU-Versicherung kein oder nur ein stark eingeschränktes Verweisungsrecht enthält. Sonst zahlt der Versicherer nicht, mit der Begründung, dass man noch leichte Büro- oder Portierarbeiten erledigen könne, oder er verweist etwa einen stark an Mehlallergie leidenden Bäcker in einen Verkäuferjob. Auch bei einer Arztanordnungsklausel oder der Möglichkeit einer nachträglichen Prämienanpassung ist Vorsicht geboten. Kundenfreundliche Polizzen verzichten auf derartige Klauseln.

VKI-TIPP

Häufige Gründe für Leistungsstreitigkeiten mit dem Versicherer sind Vorerkrankungen, die bei der Antragsaufnahme nach Ansicht der Versicherer verschwiegen wurden. Beispiel: ein Rückenleiden, das Sie gar nicht erwähnen, weil es mittlerweile keine Beschwerden bereitet. Flammt es später wieder auf und wird maßgeblich für Ihre Arbeitsunfähigkeit, gibt es vom Versicherer unter Umständen keine Leistungen. Widmen Sie daher bei der Beantragung einer BU-Versicherung den Gesundheitsfragen Ihre ganze Aufmerksamkeit, beantworten Sie sie wahrheitsgetreu und vollständig, legen Sie eventuell vorhandene Befunde und Arztberichte zu den gestellten Fragen bei und halten Sie im Zweifelsfall mit dem Hausarzt Rücksprache.

Versicherungsbegriffe: Ist das gut oder schlecht?

Die Berufsunfähigkeitsversicherung ist ein komplexes Produkt mit noch komplexeren Begriffen. Damit Sie wissen, was hinter den Bezeichnungen steckt, hier die wichtigsten Stichwörter:

Abstrakte Verweisung. Ist schlecht. Der Versicherer kann eine Rente verweigern, wenn Sie zwar nicht mehr in Ihrem angestammten Beruf arbeiten können, aber theoretisch eine vergleichbare Tätigkeit ausüben könnten.
Arztanordnungsklausel. Ist schlecht, denn dadurch kann man etwa zu Operationen, Medikamenten und Chemotherapien verpflichtet werden, wenn man weiterhin die Berufsunfähigkeitsrente beziehen will.
Beitrags- oder Sofortverrechnung. Ist gut, denn dabei werden vom Versicherer erwirtschaftete Überschüsse gleich an die Versicherten weitergegeben. Statt einer später höheren Rente (siehe Bonusrente) werden die laufenden Beitragszahlungen gesenkt.
Bonusrente. Ist eher schlecht, denn hier werden die Überschüsse für eine höhere Rente aufgespart. Aber: Weder weiß man, wie lange man eine Rente beziehen wird, noch, ob es überhaupt dazu kommen wird.
Dynamisierung. Ist gut, wenn man sich stetig steigende Beiträge (und damit auch Rentenansprüche) leisten kann; und das Ganze jeweils ohne neue Gesundheitsprüfung; ist schlecht, wenn man sich mit der regelmäßigen Erhöhung der Versicherungsprämien finanziell überhebt – daher nur bei ausreichend vorhandenem Finanzpolster wählen!
Konkrete Verweisung. Ist in allen Verträgen enthalten und besagt, dass der Versicherer die Rente verweigern darf, wenn der Versicherte einen zumutbaren anderen Job auch tatsächlich ausübt. Dieses Recht haben sich alle Versicherer vorbehalten, da sie sonst überhaupt nie verweisen könnten und der Versicherte unter Umständen in einem neuen Beruf genauso viel verdienen würde wie vorher und zusätzlich noch eine BU-Rente bekäme.
Nachversicherungsgarantie. Ist gut. Dadurch kann der Vertrag an geänderte Umstände (Heirat, Geburt eines Kindes, Immobilienkauf, berufliche Veränderung) angepasst werden, ohne dass es zu einem Neuvertrag (und damit zu einem höheren Einstiegsalter und einer neuerlichen Gesundheitsüberprüfung) kommt.
Prämien-/Beitragsanpassung. Ist schlecht, denn wenn das im Vertrag angeführt ist, kann der Versicherer die Prämien während der Laufzeit erhöhen oder den Vertrag kündigen, wenn Umstände eintreten, die bei Vertragsabschluss nicht bekannt waren. Sollte daher nur in der Form „Verzicht auf die Prämienanpassungsmöglichkeit gemäß § 41 VersVG" enthalten sein.
Verzinsliche Ansammlung. Ist gut, wenn die Zinsen halbwegs hoch sind (unbedingt nach der Verzinsungshöhe fragen!) und das Geld nicht zu knapp ist, sonst eher Beitrags- oder Sofortverrechnung wählen. Hier wird die Überschussbeteiligung jährlich verzinst und bei Vertragsende als Gesamtsumme ausbezahlt.

Was hinter diesen Bezeichnungen in der Polizze steckt

Gefragt: Berater mit Erfahrung

Einen passenden und vor allem nicht überteuerten Versicherungsschutz für den Fall einer Berufsunfähigkeit zu finden, ist eine heikle Angelegenheit. Deshalb sollte professionelle Beratung in Anspruch genommen werden, am besten durch einen unabhängigen, in diesem Fachbereich erfahrenen Versicherungsmakler, der mehrere Angebote zum Vergleichen vorlegen kann und seine Empfehlung auch begründet. Wer sich eine BU-Versicherung nicht leisten kann oder will oder abgelehnt wird, sollte seinen Berater nach einer Erwerbsunfähigkeitsversicherung fragen, die eine günstigere Alternative darstellt.

Erwerbsunfähigkeitsversicherung

STECKBRIEF

Deckungsumfang. Versichert ist

- eine Erwerbsunfähigkeit durch Krankheit, Körperverletzung oder Kräfteverfall, die mindestens sechs Monate lang anhält und bei der eine Person außerstande ist, irgendeiner Erwerbstätigkeit von mehr als drei Stunden pro Tag nachzugehen.

Günstigere Alternative zur Berufsunfähigkeitsversicherung für den Worst Case

Die Erwerbsunfähigkeitsversicherung ist gewissermaßen eine abgespeckte Form der Berufsunfähigkeitsversicherung (► Seite 61) und bietet einen günstigen Basisschutz für die finanziellen Folgen bei Verlust der Erwerbskraft. Während die Berufsunfähigkeitsversicherung zahlt, sobald der Versicherte weniger als 50 Prozent seiner letzten beruflichen Tätigkeit ausüben kann, gibt es Geld von der Erwerbsunfähigkeitsversicherung erst, wenn jemand weniger als drei Stunden in irgendeinem Beruf arbeiten kann. Der Schutz ist somit weniger umfassend und setzt erst bei einem höheren Maß an Arbeitsunfähigkeit ein, dafür ist die Erwerbsunfähigkeitsversicherung auch günstiger. Für manche Berufsgruppen, die aufgrund ihres hohen Risikos von Berufsunfähigkeits-Versicherern abgelehnt werden, bietet sie überdies die einzige Möglichkeit, sich für den Fall eines völligen Ausfalls der eigenen Arbeitsleistung abzusichern.

Mindestschutz

Aber auch für sogenannte Risikoberufe, wie etwa Dachdecker oder Maurer, ist die Erwerbsunfähigkeitsversicherung eine Option: Für sie ist eine Berufsunfähigkeitsversicherung aufgrund der hohen Risikogruppen-Einstufung oft nicht leistbar, mit einer Erwerbsunfähigkeitsversicherung kann zumindest ein Mindestmaß an Schutz finanziert werden. Trotzdem sollte auch hier nicht das erstbeste Angebot abgeschlossen werden: Manche Versicherer sehen Einschränkungen vor, wie etwa eine Versicherung bis maximal zum 60. Lebensjahr – gerade in den körperlich problematischen Jahren vor der Pension wäre somit wieder kein Versicherungsschutz gegeben. Oder es werden niedrige Limits für die maximal auszahlbare Monatsrente festgesetzt.

VKI-TIPP

Vieles, das für den Abschluss einer Berufsunfähigkeitsversicherung gilt, trifft auch für diese Polizze zu, wie etwa eventuelle Vorerkrankungen unbedingt anzugeben und auf die Klauseln in den Versicherungsbedingungen zu achten (siehe Kasten „Versicherungsbegriffe: Ist das gut oder schlecht?", ► Seite 63). Auch hier gilt unsere Empfehlung: Ziehen Sie einen auf diese Sparte spezialisierten Berater bei, der mehrere Angebote vorlegt und gemeinsam mit Ihnen das für Sie passende Produkt zusammenstellt.

Rund um die Mobilität

– (E-)Bikes und E-Scooter versichern
– Haftpflichtversicherung für Auto und Motorrad
– Teil- und Vollkaskoschutz

Fahrradversicherung

STECKBRIEF

Deckungsumfang. Versichert sind üblicherweise

- der Verlust durch Diebstahl, Einbruchdiebstahl, Raub;
- Schäden am Rad durch unbefugte Benutzung;
- Schäden, die der Versicherte an Personen oder Gegenständen verursacht.

Geltungsbereich. Meist europaweit.

Radeln boomt und damit auch die Vielfalt an Modellen und Preisklassen. Selbst wenn man nicht den Rolls-Royce unter den Zweirädern fährt, stellt sich oft schon beim Kauf die Frage: Extra versichern lassen, oder ist das Rad vielleicht sogar schon über eine Clubmitgliedschaft oder eine andere Polizze mitversichert?

Zuerst in der Haushaltsversicherung nachlesen

Wer eine Haushaltsversicherung hat (► Seite 35), sollte als Erstes dort nachsehen, ob nicht bereits ein gewisser Schutz bei Diebstahl des abgesperrten Fahrrads aus dem verschlossenen Kellerabteil, Gemeinschaftsräumen oder im Freien am Versicherungsort inkludiert ist. Manche Versicherer bieten den Einschluss einer eigenen Fahrraddiebstahlversicherung, die auch außer Haus gültig ist, an. Weitaus wichtiger als ein eventueller Diebstahl ist die in der Haushaltsversicherung inkludierte private Haftpflicht (► Seite 43), die einspringt, wenn man als Radfahrer andere Personen oder Gegenstände geschädigt hat.

Ob darüber hinaus eine eigene Fahrradversicherung notwendig ist, hängt in erster Linie vom Wert des Drahtesels ab. Für hochpreisige Mountainbikes, Trekking- oder Rennräder kann eine eigene Radversicherung lohnenswert sein, die umfassendere Leistungen als in einer Haushaltspolizze vorsieht, etwa Diebstahl außer Haus. Auch hier gilt es allerdings genau auf die Bedingungen und Verwahrungspflichten zu achten (mehr dazu unter „E-Bikes" weiter unten) und das Alter des Fahrrads zu berücksichtigen: Selbst bei guter Pflege wird für ein mehrere Jahre altes Bike oft nur noch der aktuelle Zeitwert und nicht der Anschaffungspreis („Neuwert") ersetzt.

Vorsicht bei Händlerpolizzen

Ermäßigungen für Mitglieder

Angebote für Fahrradversicherungen gibt es zahlreich, sei es von Autofahrerclubs und Vereinen wie Argus oder VCÖ oder direkt beim Kauf vom Händler. Letzteres schließt meist einen Erstservice und eine Unfallversicherung mit ein, allerdings mit begrenzter Laufzeit und beschränkten Leistungen, wie 80 Prozent Ersatz im ersten Jahr, nur noch 60 Prozent im zweiten Jahr, und damit die Entschädigung ausgezahlt wird, muss das neue Rad beim selben Händler erstanden werden.

VKI-TIPP

Fragen Sie zur Sicherheit beim Haushaltsversicherer nach, ob und wie genau Räder mitversichert sind, und passen Sie den Vertrag gegebenenfalls an. Achten Sie vor allem darauf, dass die Versicherungssumme in der Haftpflichtversicherung noch zeitgemäß ist und der aktuellen Familiensituation entspricht, ob also etwa alle Kinder (noch) mitversichert sind. Gerade bei langlaufenden Polizzen ist die Deckungssumme oft zu niedrig, kann aber gegen einen geringen Prämienaufschlag angepasst werden.

E-Bike-Versicherung

Anders als beim 08/15-Drahtesel geht es bei E-Bikes oft gleich einmal um mehrere tausend Euro. Außerdem muss unterschieden werden: Bei den Pedelecs wird die Muskelkraft durch den Elektroakku nur unterstützt, aber nicht ersetzt. Mit einer höchstzulässigen Leistung von nicht mehr als 600 Watt und einer Bauartgeschwindigkeit von nicht mehr als 25 km/h gelten sie als Fahrräder und benötigen daher keine Haftpflichtversicherung. Anders ist das bei E-Bikes mit unlimitierter Tretunterstützung, die wie Mopeds Geschwindigkeiten von 40 bis 50 km/h erreichen. Hier ist nicht nur eine Haftpflichtversicherung (► Seite 69) vorgeschrieben, sondern auch das Tragen eines Helms und das Mitführen eines Ausweises.

Der Akku sollte unbedingt inkludiert sein

Für beide Varianten sind über eine E-Bike-Polizze Schäden versicherbar, die über das in Haushaltspolizzen vorgesehene Maß hinausgehen: etwa Diebstahl außer Haus, Schäden durch Vandalismus oder falsche Handhabung, durch Tierbiss oder Naturgewalten und Feuer, aber auch Verschleißschäden über die Gewährleistung hinaus. Da die Batterie eine der teuersten Komponenten eines E-Bikes ist, sollte insbesondere auf den Einschluss eines Akkuschutzes geachtet oder dieser hineinreklamiert werden.

Darauf gilt es zu achten

In den mittlerweile zahlreichen Angeboten und Paketvarianten – von klassisch über gehoben bis zu exklusiv – gibt es unterschiedlichste Leistungen für eine mehr oder weniger zahlungskräftige Klientel, und ebenso weit liegen die Prämien für E-Bikes auseinander. Meist handelt es sich um eine Kombination aus Haftpflicht- und Kaskoversicherung. Vergleichen und Optimieren auf den persönlichen Bedarf sind dringend angesagt, wenn man nicht zu viel Prämie für zu wenig Leistung zahlen will. Zu achten gilt es vor allem auf folgende Punkte:

Entscheidende Fragen beim Versicherungsvergleich

- Gibt es Obergrenzen (häufig zwischen 3.000 und 10.000 Euro) für den versicherbaren Wert? Das wäre relevant, wenn das eigene Bike einen Preis weit jenseits der unteren Grenze hatte.
- Gibt es Selbstbehalte im Schadensfall? Die E-Bike-Versicherung ist nicht billig – bei hohen Selbstbehalten, also Zahlung von Kleinschäden aus eigener Tasche, stellt sich die Frage, ob man sich die Prämienzahlungen nicht gleich schenkt.
- Ist eine gestaffelte Ersatzleistung je nach Alter des E-Bikes vorgesehen? Im ersten Jahr werden meist noch 100 Prozent ersetzt, danach mindert sich die Entschädigungssumme oft Jahr für Jahr um zehn Prozent. Bei älteren E-Bikes stellt sich hier ebenfalls die Frage, wie sinnvoll eine Versicherung noch ist, denn dazu kommt: Je älter, desto höher die Prämien.
- Sind bestimmte Fahrradschlösser vorgeschrieben, damit der Versicherer überhaupt eine Entschädigung zahlt?

Pflichten ernst nehmen

Damit der Versicherer etwa bei einem Diebstahl oder bei einer Beschädigung leistet, müssen unbedingt die in den Bedingungen angeführten Obliegenheiten eingehalten werden. Das beginnt schon beim Kauf: Originalrechnung aufbewahren, das Fahrrad fotografieren und die Rahmennummer notieren. Das Fahrrad immer sorgsam absperren und so verwahren, wie es in der Polizze angeführt ist. Im Schadensfall den Tatort fotografieren, unverzüglich bei der Polizei anzeigen und die Umstände (Zeit, Ort, eventuell Zeugen) genau dokumentieren.

E-Scooter-Versicherung

Die kleinen Elektroroller sind voll im Trend: Unkompliziert und abgasfrei lassen sich damit längere Distanzen rasch bewältigen. E-Scooter-Fahrer müssen sich aber ebenso wie Rad- oder Mopedlenker an bestimmte gesetzliche Regelungen halten. Welche das sind, ist auf Seiten aller Beteiligten noch nicht ganz ins Bewusstsein durchgedrungen, denn die Meldungen über folgenreiche Zusammenstöße der leisen und manchmal ziemlich flotten Rollerfahrer mit Fußgängern, Radlern oder Autos häufen sich. So darf mit E-Scootern beispielsweise nicht auf Gehwegen, Gehsteigen oder Schutzwegen gefahren werden, andererseits dürfen Klein- und Miniroller ebenso wie Fahrräder gegen die Einbahn fahren. Je nach Bauart besteht auch eine gesetzliche Versicherungspflicht:

Bis 25 km/h die gleichen Regeln wie bei Fahrrädern

- Bei E-Scootern bis 25 km/h Bauartgeschwindigkeit bzw. bis 600 Watt Motorleistung gelten im Wesentlichen die gleichen Regeln und Verordnungen wie beim Radfahren. Es sind weder Kennzeichen noch Lenkberechtigung oder Versicherung erforderlich – so wie fürs Radeln ist aber eine private Haftpflichtversicherung (► Seite 43) dringend zu empfehlen. Bedenken Sie das auch, wenn Sie oder Ihre Angehörigen gern mit Leih-Scootern unterwegs sind, denn selbst bei bedachtsamem Rollen kann es auf Radwegen und im Straßenverkehr rasch zu einer Kollision oder einem anderen folgenschweren Konflikt kommen.

Über 25 km/h Versicherungs- und Führerscheinpflicht

- E-Scooter mit einer Bauartgeschwindigkeit über 25 km/h und mehr als 600 Watt sind ebenso wie Elektromopeds als Motorfahrrad definiert. Das bedeutet, ein Mopedführerschein oder eine Lenkberechtigung irgendeiner Führerscheinklasse ist ebenso Pflicht wie das Tragen eines Sturzhelms, eine Typisierung und Zulassung des Gefährts sowie eine Versicherung, sei es eine eigene E-Scooter-Haftpflichtversicherung oder eine Kfz-Haftpflichtversicherung.

Kfz-Haftpflichtversicherung

STECKBRIEF

Deckungsumfang. Versichert sind

- Schäden, die man mit dem eigenen Moped, Motorrad oder Auto an fremden Sachen oder Personen verursacht hat, wie etwa die Reparaturkosten des gegnerischen Gefährts, Abschlepp- und Taxikosten, Ersatz der Autobahnvignette usw., Schmerzensgeld, Verdienstentgang, Begräbniskosten und Unterhaltsansprüche von Hinterbliebenen;
- die Abwehr von ungerechtfertigt erhobenen Schadenersatzforderungen.

Geltungsumfang. Versichert sind der Versicherungsnehmer, der Eigentümer und Halter des Fahrzeugs, berechtigte Lenker, Einweiser und Insassen (zum Beispiel wenn der Beifahrer die Autotür öffnet und dabei ein anderes Fahrzeug beschädigt).

Geltungsbereich. Meist europaweit.

Für Schäden, die man anderen zufügt

Die Kfz-Haftpflichtversicherung ist vom Gesetzgeber zwingend vorgeschrieben, damit man ein Auto, Moped oder Motorrad überhaupt in Betrieb nehmen darf. Sie sichert Geschädigte und Schädiger ab und verhindert, dass ein Verkehrsunfall zum finanziellen Ruin führt oder ein schuldloses Opfer wegen Zahlungsunfähigkeit des Verursachers keine Schadengutmachung erhält. Bezahlt werden Schäden, die man anderen mit seinem Fahrzeug zufügt, außerdem übernimmt die Versicherung die Abwehr unberechtigter Ansprüche.

Fixe Mindestdeckung

Teils deutlich niedrigere Deckungssummen innerhalb Europas

Die Mindestdeckungssumme, also der Betrag, der bei einem Unfall von der Kfz-Versicherung bei Personen- und Sachschäden in jedem Fall übernommen wird, liegt in Österreich bei 7,6 Millionen Euro, manche Versicherer sehen in ihren Polizzen bereits 10 Millionen Euro und mehr vor. Gegen einen geringen Prämienaufschlag (je nach Höhe der Versicherungssumme zwischen 2 und 10 Prozent) kann die Versicherungssumme deutlich erhöht werden. Achtung bei Fahrten ins Ausland: Die Kfz-Haftpflicht ist zwar in allen europäischen Ländern (auch außerhalb der EU) etabliert, allerdings oft mit weitaus niedrigeren Deckungssummen. Selbst in Urlaubsdestinationen und Nachbarländern innerhalb der EU wie Tschechien oder Ungarn, aber auch in beliebten Urlaubsdestinationen wie Griechenland oder der Türkei kann es passieren, dass man wegen zu geringer Deckung des Unfallverursachers als Opfer eines Verkehrsunfalls auf Schadenersatzansprüchen sitzenbleibt. Eine Möglichkeit, sich bei einer Auslandsreise per Auto oder Motorrad dagegen abzusichern, können bei entsprechend hohem Risiko eine Kfz-Rechtsschutz- (► Seite 75) oder eine Reisekaskoversicherung (► Seite 57) sein. Neben den Kfz-Haftpflichtversicherern sehen zum Beispiel auch Automobilclubs diesen Baustein vor.

Prämienwirksame Bestandteile

Neben der Höhe der Versicherungssumme richtet sich die Prämie bei Pkw und Kombi meistens nach der Motorleistung (PS/kW), bei einspurigen Fahrzeugen nach dem Hubraum bzw. nach der Zahl der Sitze. Ein weiterer Prämienfaktor ist der Schadensverlauf. Das Bonus-Malus-System reicht von Stufe 00 (bei einigen Versicherern mit Unterstufen) bis zu Stufe 17. Dazu kommt das Alter des Fahrers: Für junge Lenker gelten wegen der statistisch hohen Unfallhäufigkeit oft strengere Annahmerichtlinien, höhere Prämien und Selbstbehalte, vor allem die sonst günstigen Versicherer akzeptieren erst Anträge ab frühestens 22 Jahren.

Aufschläge für jüngere Lenker und Senioren

Auch Senioren müssen seit einigen Jahren bei einzelnen Anbietern ab 75 Jahren Aufschläge von 30 Prozent, ab 80 Jahren sogar 50 Prozent und mehr hinnehmen. Gegensteuern lässt sich mit höheren Selbstbehalten – oder mit einem Wechsel zu einem anderen Anbieter, der das Alter nicht in die Prämiengestaltung miteinbezieht.

Schließlich hängt die Prämienhöhe auch noch von der gewählten Variante ab: ob nur Haftpflicht oder mit Voll-(bzw. Kollisions-)kasko oder Teil-(Elementar-)kasko (► Seite 57), mit oder ohne Parkschaden, mit oder ohne Selbstbehalt und mit Eigenleistung für alle Schäden oder nur bei bestimmten.

VKI-TIPP

Vor allem die Wahl eines Selbstbehalts kann die Prämie deutlich verringern. Falls Sie häufig kleine Schäden haben, kann ein Selbstbehalt aber zum Bumerang werden, da er in jedem Einzelfall anfällt (und nicht nur einmal jährlich).

Hinterlegungsverzicht bei Mopeds und Motorrädern

Zweiradfahrer können bei der Prämie und der motorbezogenen Versicherungssteuer sparen, wenn sie Nummerntafel und Zulassungsschein über die Wintermonate bei der Versicherung hinterlegen. Manche Versicherer bieten auch Polizzen mit einem Hinterlegungsverzicht an, bei denen Taferl und Zulassung nicht hinterlegt werden müssen. Die Prämie kann in diesem Fall um bis zu einem Drittel günstiger sein als ein Ganzjahresvertrag.

Jährlich überprüfen

Jährlich vergleichen und mehrere hundert Euro Prämie sparen

Bei Versicherungsvergleichen zeigt sich immer wieder eine unglaublich große Bandbreite von mehreren hundert Euro pro Jahr bei den Prämien für mehr oder weniger gleiche Kfz-Versicherungspolizzen. Die Kfz-Haftpflichtversicherung ist jährlich kündbar und sollte auch in diesem Rhythmus auf ihre Tauglichkeit hin überprüft werden. Die Versicherer ändern ihr Angebot laufend und setzen unterschiedliche Schwerpunkte. Keiner ist in allen Fällen der günstigste oder der teuerste, und im nächsten Jahr kann die Reihung wieder anders aussehen, daher lohnt sich regelmäßiges Vergleichen.

Onlineportale (► Seite 14) bieten Orientierung beim Vergleichen, sind aber oft provisionsabhängig und bieten nicht alle Tarife an. Wer Beratung braucht, sollte sich an einen unabhän-

HINWEIS

Wesentliche Fragen bei der Auswahl einer Kfz-Haftpflichtversicherung und ob eine Kaskoversicherung überlegenswert wäre, sind in der **Checkliste Kfz-Versicherung** im Anhang zusammengefasst.

Die größten Einsparpotenziale

Einmal jährlich zahlen. Die Kfz-Versicherungsprämie ist jährlich im Voraus fällig. Wer sie monatlich, quartalsweise oder halbjährlich überweist, zahlt „Strafgebühr", weil auf die Versicherungsprämie ein Aufschlag verlangt wird. Dazu kommen für Fahrzeuge, die vor dem 1.10.2020 zugelassen wurden, die gesetzlich festgelegten Prämienzuschläge bei der motorbezogenen Versicherungssteuer: 6 Prozent bei halbjährlicher Zahlung, 8 Prozent bei vierteljährlicher, 10 Prozent bei monatlicher Zahlung. Für Fahrzeuge mit erstmaliger Zulassung ab dem 1.10.2020 fällt hingegen für die unterjährige Zahlweise der motorbezogenen Versicherungssteuer kein Zuschlag mehr an.
Rabatte nutzen. Nachlässe werden für viele Situationen geboten, sei es für Zweit- oder Garagenfahrzeuge, Wenigfahrer, Beamte oder die Anmeldung des Fahrzeugs in einer bestimmten Region – fragen Sie bei einem Vergleich immer nach Rabatten und aktuellen Sonderaktionen.
Selbstbehalte prüfen. Bei erfahrungsgemäß geringem Schadensaufkommen und wenn Sie bereit sind, kleinere Schäden selbst zu übernehmen, lässt sich durch eine Selbstbeteiligung von 300 bis 400 Euro bei jedem Haftpflichtschaden die Prämie um 10 bis 20 Prozent reduzieren.
Übertragung der Bonusstufe von Verwandten. Fahreinsteiger werden im prämienwirksamen Bonus-Malus-System auf Stufe 09 eingereiht. Wollen Großeltern oder andere nahe Verwandte demnächst mit dem Autofahren aufhören, können sie ihre erworbene und oft deutlich günstigere Einstufung an den Nachwuchs weitergeben.
Kfz-Insassenunfallversicherung. Ist oft inkludiert, lässt sich aber prämienfreundlich streichen. Werden Fahrzeuginsassen bei einem Unfall verletzt, sollten ihre Ansprüche von der Haftpflichtversicherung übernommen oder abgewehrt werden. Für den Fall, dass sich der Fahrer selbst vor den finanziellen Folgen eines Unfalls schützen will, ist eine private Unfallversicherung (► Seite 45) sinnvoller, die den gesamten Freizeitbereich abdeckt.

gigen Makler wenden. Manche bieten gegen eine geringe Gebühr auch einen automatischen Jahres-Check des von ihnen betreuten Polizzen-Portfolios an.

Wer bereits die Preise verglichen hat und weiß, was er will oder braucht, kann sich an einen Online-Direktversicherer wenden. Das gilt vor allem für Bonus-Fahrer, denn Malus-Fahrer oder junge Fahreinsteiger werden von diesen Anbietern oft nicht akzeptiert.

Telematiktarife

Preisgabe der eigenen Daten nicht immer durch günstigeren Tarif honoriert

Neben dem oben erwähnten Einsparpotenzial hat sich in den vergangenen Jahren mit den Telematiktarifen eine neue Möglichkeit für prämienreduziertes Versichern etabliert. Eine Smartphone-App oder ein Gerät im Wageninneren zeichnet dabei laufend das Fahrverhalten auf und sendet die Infos an den Versicherer. Bei sicherer oder umweltschonender Fahrweise (sanftes Gleiten, kein abruptes Beschleunigen oder Bremsen, keine Geschwindigkeitsübertretungen, möglichst wenig Stadt- und Nachtfahrten) werden Bonuspunkte oder bei gegenteiligem Verhalten Abzugspunkte gesammelt. Nach Ablauf des Vertrags wird je nach dem erreichten „Score" ein bestimmter Prozentsatz der Prämie zurückerstattet.

Vorteilhaft daran ist neben dem Rabatt die Motivation zu einer wirtschaftlichen, bedachten Fahrweise. Außerdem lässt sich das Fahrzeug nach einem Diebstahl leicht orten.

Dagegen spricht, dass man für den Bonus mit fast lückenloser Datenaufzeichnung der eigenen Mobilität und Gewohnheiten bezahlt. Die Fehleranfälligkeit des Systems und die mangelnde Datenverschlüsselung könnten langfristig auch dazu führen, dass die eigenen Verhaltens- und Fahrweisen etwa bei Dienstautos vom Arbeitgeber online verfolgt oder von Einbrechern ausspioniert werden. Und: Selbst wenn man theoretisch den Punktehöchststand erreicht, fährt man mit den Telematiktarifen nicht automatisch am günstigsten. Bei einem unserer Kfz-Prämien-Vergleichstests lagen die Bestbieter ohne Überwachungstarif zum Teil deutlich darunter. Der sicherste Weg zu einer günstigen Prämie ist somit immer noch der jährliche Prämiencheck und Wechsel zu einem günstigeren Anbieter.

Kündigung und Schadensfall

Schäden möglichst innerhalb von drei Tagen melden

Eine Kündigung ist jährlich spätestens einen Monat vor Ablauf des Versicherungsvertrags möglich. Davor sollte allerdings schon die schriftliche Zusage eines neuen Versicherers vorliegen; er ist üblicherweise bei einem Wechsel behilflich. Die einmonatige Kündigungsmöglichkeit gilt ebenso, wenn der Versicherer schriftlich über eine Erhöhung der vereinbarten Prämie informiert. Auch im Schadensfall besteht die Möglichkeit, ohne Angabe weiterer Gründe zu kündigen, zum Beispiel wenn der Versicherer die Entschädigungsleistung verweigert. Das kann auch passieren, wenn ein Schaden nicht ordnungsgemäß gemeldet wurde, nämlich möglichst innerhalb von drei Tagen, am besten mittels Unfallbericht, der immer im Handschuhfach bereitliegen sollte. Hilfreich in strittigen Fällen ist auch, den Unfallort und die involvierten Fahrzeuge bzw. Gegenstände zu fotografieren. Ist einer der Unfallbeteiligten verletzt, sollte die Polizei gerufen werden. Begleichen Sie Schäden nach einem Verkehrsunfall nicht gleich an Ort und Stelle, sondern halten Sie immer erst Rücksprache mit dem Versicherer. Sonst wird der bereits ausgelegte Betrag möglicherweise nicht rückerstattet.

Kündigen kann übrigens auch der Versicherer, etwa wenn sich bei einem Versicherten Blechschäden und Unfälle häufen. Immer wieder passiert das auch älteren Semestern, selbst nach Kleinschäden, weil sie statistisch ein zunehmendes Risiko darstellen. Hier hilft nur, einen der Versicherer zu kontaktieren, die weniger unsolidarisch denken und ohne Altersgrenzen auskommen.

Kaskoversicherung

STECKBRIEF

Deckungsumfang. Versichert sind

- die Zerstörung, Beschädigung oder der Verlust des eigenen Fahrzeugs;
- bei der Elementarkasko vorwiegend Schäden, für die niemand verantwortlich gemacht werden kann, wie etwa Unwetterschäden oder der Diebstahl von Zweirad oder Auto;
- bei der Kollisionskasko auch Schäden am eigenen Fahrzeug, die man selbst verschuldet hat, etwa durch einen Auffahrunfall.

Für Schäden am eigenen Auto oder Motorrad

Die Zeiten, wo nach einem Unfall ein wenig Blech und Plastik zu reparieren war, sind vorbei. Autos werden immer mehr zu Hightech-Maschinen mit komplexen Elektronikteilen. Das geht selbst bei leichten Havarien ins Geld und wird daher gern länger versichert: Vollkasko und Teilkasko werden vermehrt nachgefragt und länger behalten. Während die verpflichtende Kfz-Haftpflicht die Schäden Dritter ersetzt, nützt die freiwillige Kaskoversicherung dem Fahrzeugbesitzer selbst, weil sie entstandene Schäden am eigenen Auto oder Motorrad deckt.

Elementar- oder Kollisionskasko

Grob unterschieden wird zwischen Elementarkasko (Teilkasko) und Kollisionskasko (Vollkasko). Die Grenzen zwischen den beiden Varianten sind mittlerweile fließend: Oft kann der Versicherungsschutz nach dem Bausteinprinzip (zum Beispiel Vandalismus, Parkschäden usw.) gewählt werden. Bei der Elementarkasko kommt der Versicherer für Schäden in Folge von Diebstahl, Raub oder unbefugtem Gebrauch, von Brand oder Explosion, Naturkatastrophen wie Blitzschlag, Hagel, Steinschlag, Hochwasser und Ähnlichem und von Wildunfällen auf. Je nach Vereinbarung sind auch noch Glasschäden gedeckt, etwa der Sprung in der Windschutzscheibe nach einem Steinschlag.

VKI-TIPP

In älteren Verträgen sind Wildschäden oft noch auf Haarwild (Hirsche, Rehe, Wildschweine, Füchse usw.) beschränkt, neuere inkludieren auch Federwild wie Fasane oder Birkhühner. Manche Versicherer bieten eigene Wildschaden-Pakete an, die man separat abschließen kann. Zusammenstöße mit Haustieren (Kühen, Pferden, Hunden) sind nur bei Polizzen gedeckt, die die Deckung „Tiere aller Art" oder „Unfall mit Haustieren" enthalten. Bei Haustieren können Sie Schadenersatzansprüche aber beim Besitzer geltend machen, wenn dieser sein Tier nicht ordnungsgemäß gehalten oder gesichert hatte.

Unfälle mit Wild oder Haustieren

Die Kollisionskasko kommt zusätzlich zu den in der Elementarkasko genannten Punkten auch noch für selbst verschuldete Schäden und oft auch für Vandalenakte am eigenen Auto auf.

Geringere Prämie – höherer Selbstbehalt

Wie viel eine Kaskoversicherung kostet, hängt neben dem Fahrzeugneuwert von den inkludierten Bausteinen und der gewählten Selbstbehaltsvariante ab. Bei Vergleichen ergeben sich immer wieder Differenzen von mehreren hundert Euro für ein und dasselbe Modell, daher sollte auf keinen Fall das erstbeste Produkt gewählt und auch nicht gleich automatisch mit der

Kasko – ja oder nein?

Ob und wenn ja, welche Kaskoversicherung sinnvoll ist, hängt vor allem vom Listenpreis des Fahrzeugs, der Nutzung und dem eigenen Sicherheitsbedürfnis ab. Eine Analyse Ihrer persönlichen (Fahr-)Situation hilft bei der Entscheidung.

Entscheidende Fragen zur Kasko

Eigenes Risiko abschätzen. Fahren Sie gern rasant oder gemächlich, ganzjährig oder im Winter selten, beruflich oder hauptsächlich in der Freizeit?
Alter des Autos. Handelt es sich um einen hochpreisigen Neuwagen (dann ist in den ersten drei bis fünf Jahren eine Vollkasko überlegenswert) oder um ein älteres (Gebraucht-)Modell? Durch den starken und raschen Wertverlust von Autos wird spätestens ab fünf Jahren der Umstieg auf Teilkasko empfohlen. Je älter ein Fahrzeug, desto unattraktiver wird die Kaskoversicherung. Denn bei einem Totalschaden wird nur der Zeitwert ersetzt, also der am Schadenstag aktuelle Wert des Autos je nach Baujahr und Abnutzung. Die Prämie wird hingegen vom Neuwert berechnet. Der Wert des Autos sinkt also jährlich, die Prämien bleiben jedoch gleich hoch.
Risiko für das Auto einschätzen. Steht es vor allem in der Garage? Das verringert das Risiko von Elementarschäden (etwa Sturm oder Hagel), von Parkschäden, Diebstahl oder auch mutwilliger Beschädigung. Haben Sie einen bei Dieben besonders beliebten Autotyp gewählt?
Fahrzeugnutzer. Borgen sich Ihre Kinder gern Ihren Wagen aus? Oder teilen Sie ihn mit anderen Verwandten, Bekannten oder Arbeitskollegen? Da die Kaskoversicherung Schäden am eigenen Fahrzeug deckt, die ohne Ihr Verschulden entstanden sind, kann sie gerade bei mehreren Fahrzeugbenutzern Streitigkeiten über die Schadensbegleichung vorbeugen.
Existenzabsicherung. Was ist bei einem größeren Blech- oder Totalschaden? Bedeutet das den finanziellen Ruin, weil Sie als Außendienstmitarbeiter oder Pendler auf das Auto angewiesen sind oder weil Sie ohne Auto Ihren Job (etwa auf dem Land) nicht mehr ausüben könnten?
Leasing- und kreditfinanzierte Autos. Diese sollten auf jeden Fall kaskoversichert sein. Achtung bei auf Kredit gekauften Gebrauchtwagen: Wenn das Auto nur noch ein paar tausend Euro wert ist, rentiert sich die relativ hohe Kaskoprämie kaum mehr.

Kfz-Haftpflicht der Kaskoschutz angekreuzt werden. Die beiden Versicherungen werden zwar meist nur noch in Kombination angeboten, und an erster Stelle steht, eine günstige Kfz-Haftpflichtpolizze zu finden. Wenn man sich für einen zusätzlichen Kaskoschutz entscheidet, sollte gleichzeitig aber auch das Augenmerk auf die Kasko gelegt werden, denn die Versicherung ist teuer. Auch das beim Autohändler vorgeschlagene Produkt sollte unbedingt mit anderen Angeboten verglichen werden.

Kaum mehr ohne Selbstbehalte angeboten

Eine Komponente in praktisch jeder Kasko-Polizze ist der Selbstbehalt, entweder als fixer Betrag oder in Form eines Prozentanteils der Schadenssumme. Meist liegt er bei mehreren hundert Euro pro Schadensfall. Der Eigenanteil lässt sich bei manchen Versicherern aber auch wieder reduzieren, indem man Reparaturen in einer Vertragswerkstätte des jeweiligen Versicherers durchführen lässt.

VKI-TIPP

Um die teure Kaskoprämie etwas zu senken, sind Selbstbehalte in den Kollisionskaskorisiken Unfall, Vandalismus und Parkschaden überlegenswert, die Risiken der Elementarkasko sollten so weit wie möglich ohne Selbstbehalt inkludiert sein. Prämiensenkend wirken auch verschiedene Rabatt- und Bonusvarianten. Speziell die Boni sind häufig an bestimmte Bedingungen gebunden, zum Beispiel dass innerhalb eines bestimmten Beobachtungszeitraums kein Schaden eintritt. Ist das doch nicht der Fall, wird der Bonus möglicherweise für das gesamte Jahr gestrichen und die Prämie letztlich doch wieder deutlich teurer.

Grobe Fahrlässigkeit inkludieren

Ein weiterer wichtiger Punkt, auf den es zu achten gilt: Speziell in älteren Polizzen, aber auch bei Neuabschlüssen sind bei manchen Anbietern Schäden, die durch grob fahrlässiges Handeln des Versicherten verursacht werden, nicht gedeckt. Das Überschreiten von Geschwindigkeitsgrenzen bei eisiger Fahrbahn, das Fahren mit Sommerreifen bei Schnee, während der Fahrt etwas aufheben, das Auto ohne angezogene Handbremse und eingelegten Gang auf einem abschüssigen Weg abstellen – die Klassiker unter den Unfallursachen werden von immer mehr Versicherern in allen Kaskotarifen inkludiert.

In ältere Verträge hineinreklamieren

Keine lange Laufzeit wählen

Von langfristigen Verträgen ist bei der Kasko abzuraten, auch wenn dafür Rabatte angeboten werden: Fast jedes Jahr kommen neue, günstigere Versicherungsvarianten auf den Markt, außerdem ist der rasche Wertverlust von Autos zu bedenken. Empfehlenswert sind Jahresverträge, gekoppelt an die Haftpflichtversicherung. Unter Einhaltung einer Frist von ein bis drei Monaten können Kaskoverträge dann jährlich gekündigt werden.

Dauer an die Kfz-Haftpflicht anpassen

Bei einem Fahrzeugverkauf wird die Kaskoprämie aliquot (tageweise) abgerechnet. Nach einem Schadensfall kann binnen eines Monats, nachdem der Versicherer die Entschädigungspflicht anerkannt oder verweigert hat, der Vertrag gekündigt werden.

HINWEIS

Überlegen Sie anhand der **Checkliste 11: Kfz-Versicherung** im Anhang, ob und wenn ja, welche Punkte einer Kaskoversicherung für Sie sinnvoll sein könnten.

Kfz-Rechtsschutzversicherung

STECKBRIEF

Deckungsumfang. Versichert sind

- Schadenersatzforderungen oder Strafrechtskosten nach Verkehrsunfällen, Verkehrsübertretungen oder bei Führerscheinentzug;
- je nach Vereinbarung Auseinandersetzungen rund um Kauf und Verkauf des versicherten Autos, um Kauf-/Verkaufs- und Reparaturverträge sowie rechtliche Probleme als Lenker eines fremden Fahrzeugs.

Geltungsumfang. Mitversichert sind der Eigentümer, Halter, Zulassungsbesitzer, Leasingnehmer, der berechtigte Lenker und Insassen.

Geltungsbereich. Je nach Vereinbarung österreich-, europa- oder weltweit.

Der Kfz-Rechtsschutz zählt zu einem der gefragtesten Versicherungsprodukte in der Sparte Recht und soll in Konfliktsituationen nach Verkehrsunfällen, bei Autokauf und -reparatur, aber auch bei Strafverfahren gegen den Lenker unterstützend wirksam werden. Überlegenswert ist eine derartige Polizze insbesondere für Vielfahrer, der Zusatz „Lenker-Rechtsschutz" auch für

Personen, die zum Beispiel beruflich häufig mit fremden Autos oder Mietwagen unterwegs sind. Um herauszufinden, ob Sie eine Kfz-Rechtsschutzversicherung benötigen oder nicht, sollten Sie sich mit folgenden Fragen auseinandersetzen:

Entscheidende Fragen zum Kfz-Rechtsschutz

- Besteht ein erhöhtes Risiko, dass es zu gerichtlichen Auseinandersetzungen kommt (zum Beispiel, weil Sie beruflich sehr viel mit dem Auto unterwegs sind)?
- Vor welchen Prozessrisiken wollen Sie sich schützen (zum Beispiel durch einen Lenker-Rechtsschutz, weil Sie oft mit fremden Fahrzeugen unterwegs sind; oder durch einen Fahrzeug-Vertrags-Rechtsschutz, weil Sie sich absichern wollen gegen Streitigkeiten aus Verträgen, die das versicherte Fahrzeug betreffen, etwa mit einer Reparaturwerkstatt)? In allen Fällen, die einem persönlich versicherungsrelevant erscheinen, gilt es abzuwägen, ob die im schlimmsten Fall entstehenden Kosten (beispielsweise eine eventuell überhöhte Rechnung für die „Pickerl"-Überprüfung oder eine Anzeige wegen Geschwindigkeitsübertretung) eine Jahresprämie in Höhe von mehreren hundert Euro rechtfertigen.
- Ist eines dieser Risiken bereits ausreichend gedeckt? Teilbereiche können über eine Mitgliedschaft bei ARBÖ oder ÖAMTC versichert sein oder lassen sich zu günstigen Konditionen inkludieren; möglicherweise ist ein solches Rechtsschutzpaket sogar günstiger, als wenn Sie es direkt beim jeweiligen Versicherer abschließen. Auch eine private Haftpflichtversicherung und die Kfz-Haftpflicht zahlen nicht nur für Schäden, die Sie angerichtet haben, sondern wehren auch unberechtigte Ansprüche ab. Rechtsschutz kann es außerdem geben, wenn mit der Kreditkarte bezahlt wird, zum Beispiel bei der Nutzung eines Mietwagens.
- Gibt es für diese Risiken überhaupt einen Versicherungsschutz? Die Rechtsschutzversicherung ist kein Freibrief für das berüchtigte „Reiseachterl", auch Fahrerflucht oder etwa Geldstrafen sind nicht gedeckt.

Spezialisierte Beratung wichtig

Viele der im Kapitel Rechtsschutzversicherung (► Seite 51) beschriebenen Punkte treffen auch auf den Kfz-Rechtsschutz zu. Versicherungsschutz besteht wie bei allen Rechtsschutzpaketen nur für Versicherungsfälle, die während der Laufzeit des Vertrags eingetreten sind, nicht für bereits laufende Konflikte oder Verfahren.

In Kombination mit weiterem Rechtsschutzbaustein günstiger

Benötigen Sie auch andere Bausteine aus dem Rechtsschutz, so fahren Sie mit einer Kombination von zwei Verträgen (Privat- mit Kfz-Rechtsschutz) günstiger als mit zwei Einzelverträgen. Suchen Sie auf jeden Fall einen auf den Rechtsbereich spezialisierten Berater und gehen Sie Punkt für Punkt mit ihm durch. Dann fällt auch eher auf, was Sie nicht brauchen (zum Beispiel den Lenker-Rechtsschutz, weil Sie ohnedies ausschließlich mit dem eigenen Auto fahren) oder was aufgrund Ihrer persönlichen Lebensumstände noch ergänzt werden müsste. Gegen eine Extraprämie lassen sich – nicht bei jedem Anbieter, aber doch bei den meisten – für Sie wichtige Punkte ergänzen.

HINWEIS

Neben den Privat-Rechtsschutzbausteinen ist auch die Kfz-Rechtsschutz in der **Checkliste 9: Rechtsschutzversicherung** im Anhang beschrieben. Beispiele sollen die jeweils versicherten Bereiche illustrieren und Ihnen bei der Auswahl helfen.

Rund um Krankheit und Pflege

– Versicherungsschutz für den Krankheitsfall
– Vorsorge für den Pflegebedarf

Private Zusatzkrankenversicherung

STECKBRIEF

Deckungsumfang. Versichert sind je nach gewähltem Tarif

- die Unterbringung in Ein- oder Mehrbettzimmern in der Sonderklasse;
- die Kosten für Wahl- und Privatarzthonorare oder bestimmte alternative Therapien;
- die Auszahlung eines Taggelds bei Krankenhausaufenthalten.

Geltungsumfang. Partner und Kinder können gegen Aufpreis im Rahmen einer Familienpolizze mitversichert werden.

Geltungsbereich. Je nach Tarif pro Bundesland oder österreichweit; im Fall einer Auslandsreisekrankenversicherung auch europa- oder weltweit.

Die private Zusatzkrankenversicherung ist als Ergänzung zur gesetzlichen Krankenversicherung konzipiert. Qualitätsvolle medizinische Leistungen sind zwar hierzulande auch ohne private Zusatzversicherung gewährleistet. Laut Gesetz ist es Ärzten, Krankenhäusern usw. sogar verboten, bei der medizinischen Betreuung und Versorgung Unterschiede zwischen Kassenpatienten und Privatversicherten zu machen. „Privatversichert" zu sein, scheint aber immer mehr Menschen das Gefühl erhöhter Sicherheit und bevorzugter Behandlung zu vermitteln. Der Zulauf ist groß, trotz in jüngster Vergangenheit wieder kräftig gestiegener Prämien. Geboten werden den Versicherten eine Reihe von verschiedenen Tarifen, die einzeln oder in Kombination abgeschlossen werden können. Dazu zählen insbesondere mehr Serviceleistungen und freie Arztwahl bei einem Krankenhausaufenthalt, der Kostenersatz von Wahl- und Privatarzthonoraren, die Auszahlung eines Taggelds bei Spitalsaufenthalten, ein Zahntarif (siehe dazu mehr im Abschnitt „Zahnversicherung", ► Seite 82) oder Zusatzleistungen wie erweiterte Gesundenuntersuchungen, alternative Heilbehandlungen oder Wellnesspakete, die etwa einen Wohlfühlaufenthalt im Hotel oder die Mitgliedschaft in einem Fitnessclub vorsehen.

Gleiche Behandlung, mehr Service- und Zusatzleistungen

HINWEIS

Anhand der **Checkliste 12: Private Zusatzkrankenversicherung** können Sie die einzelnen Tarife Punkt für Punkt durchgehen und sich einen Überblick verschaffen, was für Sie in Frage kommt.

Was und wie viel davon man über eine Versicherung abwickeln möchte, ist vor allem eine finanzielle Frage, denn Privatversicherungen sind teuer. Selbst jüngere Personen um die Dreißig, die sich für eine Schmalspurvariante wie etwa „nur" Sonderklasse entscheiden, müssen mit 150 Euro aufwärts pro Monat rechnen, für einen 45-Jährigen würden dafür bereits rund 230 Euro monatlich anfallen. Bei einer Familie kommen trotz Partnerrabatt und Kindertarifen bald einmal an die 500 Euro pro Monat zum Beispiel für Sonderklasse- und Privatarzttarif zusammen. Es gilt also sehr genau abzuwägen und auszuwählen, was man wirklich zu brauchen glaubt und was zum Beispiel im Fall des Falles wenigstens zum Teil aus eigener Tasche bezahlt wird.

Vieles wird nur zum Teil übernommen

Limitierte Kostenübernahme

Dass man einen Teil selbst zahlen muss, ist trotz umfassender Versicherung gar nicht so selten, denn viele Leistungen sind oft bis zu einem bestimmten Prozentsatz oder Höchstbetrag pro Jahr limitiert, und das völlig unterschiedlich je nach Versicherer. Neben der kaum überschaubaren Tarifvielfalt müssen bei einem Angebotsvergleich also auch die Obergrenzen pro Leistungsart beachtet werden. Allein dadurch ergeben sich bei Kombination verschiedener Tarife schon bei jedem einzelnen Versicherer gewaltige Unterschiede in der Prämie. Für Versicherungslaien ist eine Einschätzung, geschweige denn ein Vergleich auf eigene Faust kaum zielführend zu bewerkstelligen, daher ist eine spezialisierte Beratung, am besten durch einen unabhängigen Makler mit Erfahrung in diesem Bereich, zu empfehlen. Er kann auch die verschiedenen für Sie interessanten Varianten durchrechnen, etwa:

Entscheidende Fragen zum Prämienvergleich

- Wie hoch ist die Prämie mit dem (günstigeren) Bundesländertarif, bei dem Sie nur medizinische Einrichtungen in Ihrem Bundesland konsultieren können, und um wie viel würde sie sich erhöhen, wenn Sie gern österreichweit die jeweiligen Koryphäen ihres Faches aufsuchen würden?
- Wie würde sich die Kombination von zwei oder drei bestimmten Tarifen auf die Prämie auswirken, wie sieht es aus, wenn einer davon weggelassen wird?
- Wäre ein Selbstbehaltstarif, bei dem Sie einen Teil der Kosten selbst übernehmen, eine Möglichkeit, und wie würde sich das auf die Prämienhöhe auswirken?

Wie es günstiger geht

Wer nicht öfter als zweimal pro Jahr ins Spital muss, steigt mit einem Selbstbehalt meist besser aus. Bei manchen Anbietern wird der Selbstbehalt auch bei mehreren Krankenhausaufenthalten pro Jahr nur einmal verrechnet. Je nach der gewählten Selbstbehaltshöhe (üblich sind rund 1.000 Euro pro Jahr) lässt sich die Prämie um 30 bis 60 Prozent reduzieren.

Selbstbehalte, Sonderklasse nach Unfall und Optionstarif

Vor allem für Jüngere, bei denen Unfälle üblicherweise häufiger sind als das Risiko, eine ernsthafte Erkrankung zu erleiden, wäre die Sonderklasse nach Unfall eine überlegenswerte Einstiegsvariante. Dieser Baustein ist deutlich günstiger als eine vollwertige Krankenhauskosten-Zusatzversicherung, wird aber eben auch nur nach Unfällen wirksam. Bei späterem Wechsel in den vollen Sonderklassetarif gilt bei manchen Anbietern das ursprüngliche Eintrittsalter als Berechnungsbasis, dadurch fällt die Prämie deutlich günstiger aus als bei einem späteren Neueintritt. Allerdings gilt es bei der Rechnung auch zu berücksichtigen, was bis dahin über die Jahre bereits an Prämien in die Versicherung geflossen ist.

Ähnliches gilt für den Optionstarif, der oft mit dem Sonderklassetarif nach Unfall kombiniert wird: Er ist vor allem für jene gedacht, die aktuell nicht die volle Prämie zahlen wollen oder können. Sie zahlen zunächst nur einen Teil der Prämie und haben keinen Anspruch auf Leistungen. Bei Umstieg auf den Volltarif (bis 40 oder 45 Jahre möglich) ist keine neuerliche Gesundheitsprüfung erforderlich, dadurch bleibt die Prämie um einiges niedriger als bei einem späteren Einstieg.

VKI-TIPP

Bedenken Sie bei der Auswahl auch immer, dass die Prämien mit den Jahren steigen werden. Ein Einstieg in jungen Jahren ist relativ günstig, aber werden Sie sich die Prämie auch später, mit wachsender Familie, Wohnraumschaffung und Ausbildungskosten, noch leisten können? Falls die Ausgaben zu hoch werden, suchen Sie das Gespräch mit dem Versicherer und reduzieren Sie eventuell den Versicherungsumfang. Und vergessen Sie nicht: Es geht bei der Zusatzkrankenversicherung nicht um existenzbedrohende Risiken wie bei der Eigenheim-, Haushalts- oder Haftpflichtversicherung, die in jedem Fall Vorrang haben sollten. Die medizinische Versorgung ist auch ohne private Versicherung in jedem Fall gewährleistet.

Vorerkrankungen und Wartefristen

Vor Vertragsabschluss wird mit Hilfe eines umfangreichen Fragebogens der Gesundheitszustand erhoben, der die Prämienhöhe maßgeblich mitbestimmen kann. Wer aktuelle, aber auch überstandene Erkrankungen aus den letzten fünf bis zehn Jahren, bei manchen Versicherern auch länger zurückliegend, nicht erwähnt, zahlt unter Umständen jahrelang vergeblich Prämie, denn die Versicherer können vor einer Entschädigungsleistung bei den in der Polizze angegebenen Ärzten oder Sozialversicherungsträgern Erkundungen vornehmen. Fragen Sie daher beim Versicherer genau nach den jeweils geltenden Bedingungen (wie Art und Ausmaß der Vorerkrankungen und wie lange zurückliegend). Für Personen mit Vorerkrankungen kann es ein Angebot mit Zusatzprämie geben, es können aber auch alle Leistungen im Zusammenhang mit dieser Vorerkrankung ausgeschlossen werden.

Was genau und wie lange zurückliegend ist anzugeben?

Zu beachten sind außerdem die unterschiedlichen Wartefristen: Um zu verhindern, dass sich jemand erst versichert, wenn bereits eine Krankheit absehbar ist oder schon eine Schwangerschaft besteht, gelten Fristen von drei bis zwölf Monaten, bis der Versicherer Leistungen erbringt.

VKI-TIPP

Aktuelle Gesundheitsbeschwerden oder Vorerkrankungen werden von den einzelnen Anbietern unterschiedlich gewertet. Manche sehen längere Wartezeiten vor, andere Prämienzuschläge oder einen Leistungsausschluss, wenn alte Erkrankungen wieder akut werden. Stellen Sie in diesem Fall möglichst an alle Anbieter einen Probeantrag, um herauszufinden, wo Sie mit möglichst geringen Einschränkungen oder Zuschlägen versichert werden. Auch dabei hilft am besten ein unabhängiger Makler.

Bindung fürs Leben

Es gibt kaum eine Polizze, bei der der Auswahl so viel Augenmerk gewidmet werden sollte wie die private Krankenversicherung, denn diese in späteren Jahren zu wechseln, wäre unklug: Je älter der Versicherte bei Vertragsabschluss ist, desto höher fällt die Prämie aus. Eine Kündigung durch den Versicherungsnehmer ist zwar jährlich mit ein- bis dreimonatiger Kündigungsfrist (in der Polizze überprüfen!) möglich, mit bestimmten (chronischen) Vorerkrankungen oder in fortgeschrittenem Alter findet man aber möglicherweise nicht einmal mehr einen Versicherer, der das Risiko übernehmen will.

Ein Wechsel des Versicherers ist nicht ratsam

Die gute Nachricht: Ist man einmal privat krankenversichert, kann einen der Versicherer bei den meisten Tarifen auch bei regelmäßiger Inanspruchnahme der Leistungen nicht kündigen – außer die Prämien werden nicht bezahlt oder man hat Vorerkrankungen verschwiegen.

Kinder zusatzversichern

Kinder können entweder durch eine eigene Polizze oder im Rahmen einer Familienversicherung mitversichert werden, was meistens etwas günstiger ist. Für viele Eltern ist die Begleitung ihres Kindes bei einem Spitalsaufenthalt der wichtigste Anreiz für eine private Versicherung. Hier gilt im österreichischen Gesundheitswesen generell: Kein Kind muss allein im Spital bleiben; bei privat Versicherten werden allerdings die je nach Bundesland und sogar je nach Krankenhaus unterschiedlichen Tagsätze für Begleitpersonen übernommen; sofern vorhanden, werden Eltern und Kind auch in einem eigenen oder weniger belegten Zimmer untergebracht.

Allein wegen der Begleitkosten wenig sinnvoll

VKI-TIPP

Eine Zusatzversicherung vorrangig für die Begleitkostenübernahme abzuschließen, rechnet sich kaum, denn ein Krankenhausaufenthalt in der Kinder- und Jugendheilkunde dauert durchschnittlich 2,41 Tage, in der Kinder- und Jugendpsychiatrie sind es 8,51 Tage. Die Tagsätze sind je nach Krankenanstalt unterschiedlich, aber für Begleiter von Kindern meist im niedrigen ein- bis zweistelligen Bereich.

Mangel an Kassen-Kinderärzten

Für eine Zusatzkrankenversicherung spricht aus Sicht von immer mehr Eltern, dass es in ihrem näheren Umfeld keine Kassen-Kinderfachärzte mehr gibt, sondern vorwiegend Wahl- oder Privatärzte. Wenn außerdem die nächste Kinder-Ambulanz weit entfernt ist, kann das zu einer erheblichen Kostenbelastung führen, denn die Leistungen von Privatärzten werden von den Kassen mitunter gar nicht erstattet. Für Wahlarzt-Leistungen gibt es von den gesetzlichen Kassen 80 Prozent dessen, was ein Vertragsarzt verrechnen würde. Wahlärzte können aber ihre Tarife frei festlegen und somit auch deutlich über den Kassentarifen liegen.

Zahnversicherungen

Die gesetzliche Krankenversicherung übernimmt in der Regel die Kosten für viele zahnärztliche Routineeingriffe wie Plomben, Wurzelbehandlungen oder auch Wurzelspitzenresektionen, um einen eitrigen Zahn zu retten. Bei schwerwiegenden kieferorthopädischen Fehlstellungen erhalten Kinder bis 18 Jahren bei Vertragsärzten und Ambulanzen eine Gratiszahnspange, bei leichteren Fehlstellungen werden je nach Krankenkasse bis zu 80 Prozent des Vertragstarifs ersetzt. Auch Erwachsene erhalten bei entsprechender medizinischer Diagnose zum möglichst langen Erhalt ihrer Zähne je nach Kasse unterschiedlich hohe Zuschüsse für die Zahnregulierung.

Deutlich sparsamer ist die gesetzliche Krankenversicherung, wenn es um den Ersatz der zweiten Zähne geht: Hier werden in der Regel nur die Kosten für (herausnehmbare) Prothesen übernommen. Wer festsitzenden Zahnersatz wie Kronen, Brücken oder Implantate will, muss dies aus eigener Tasche zahlen. In diese Lücke stößt ein relativ neues Versicherungsprodukt, das sich ausschließlich auf den Ersatz der zweiten Beißerchen beschränkt: die Zahnersatzversicherung.

Gestaffelte Leistung

Jährlich steigende Ersatzleistung für Kronen, Brücken, Implantate

Wer bislang sein Gebiss über die gesetzlichen Leistungen hinaus privat versichern wollte, konnte dies nur in Kombination mit der privaten Zusatzkrankenversicherung. Das ist teuer – die Jahresprämien für das Paket liegen im vierstelligen Bereich –, außerdem werden nicht alle Behandlungen übernommen, und selbst bei teureren Tarifen werden nur bis zu 80 Prozent der Zahnarztrechnung übernommen, bei günstigeren Tarifen nur 50 Prozent.

Die Zahnersatzversicherung fällt mit Einstiegsprämien ab unter 20 Euro pro Monat deutlich günstiger aus. Übernommen werden bis zu 90 Prozent der Kosten für Kronen, Brücken und Implantate – die maximale „Deckung ab sofort" wird allerdings nur nach einem Unfall wirksam. Ansonsten handelt es sich um eine gestaffelte Versicherungssumme, das heißt: Der Betrag, der ausbezahlt wird, steigt von Jahr zu Jahr, die maximale Versicherungsersatzleistung wird erst zu dem in der Polizze genannten Zeitraum fällig. Ein Vorteil der Zahnversicherungen ist, dass sie auch im Ausland gelten.

VKI-TIPP

Sowohl bei der Zahnzusatz- als auch der Zahnersatzversicherung sind die jährlichen Ersatzleistungen betragsmäßig beschränkt. Eine umfangreichere Gebisssanierung liegt aber kostenmäßig weit über den maximal ca. 3.000 Euro, die pro Versicherungsjahr für die Zahnarztrechnung ersetzt werden. Wer sich den Abschluss einer Zahnversicherung überlegt, muss daher allein schon wegen der Wartefristen von mindestens acht Monaten über Jahre vorausplanen und den Sanierungsplan mit seinem Arzt eventuell über eine längere Zeitspanne splitten.

Zahnzusatz- oder Zahnersatzversicherung?

	Zahnzusatzversicherung	Zahnersatzversicherung
Leistet bei ...	zahnärztlichen Behandlungen (Honorare von Wahlärzten), Zahnersatz, Vorsorge (wie Mundhygiene), Teile der Kieferorthopädie, die nicht oder nur teilweise von der gesetzlichen Krankenversicherung übernommen werden	Ersatz der zweiten Zähne (Implantate, Brücken, [Teil-]Kronen, Inlays, Prothesen und Reparaturen des Zahnersatzes, inklusive dabei anfallender Kosten für Material, Labor, Anästhesie
Kostenersatz	Je nach Tarif zwischen 60 und 80 %, je nach Anbieter und Leistungsumfang bis ca. 4.000 Euro möglich	Abzüglich der Ersatzleistung der Sozialversicherung bis zu 90 %, gestaffelt von 500 Euro im 1. Jahr bis maximal 3.000 Euro ab dem 5. Jahr
Prämien	Inkl. Zusatzkrankenversicherung ab ca. 2.000 Euro/Jahr	Ab ca. 220 Euro pro Jahr
Wartefrist nach Abschluss	Sechs bis acht Monate	Bei unfallbedingtem Zahnersatz Deckung ab dem Tag nach Abschluss; ansonsten gestaffelte Versicherungssumme

Private Pflegeversicherung

STECKBRIEF

Deckungsumfang. Versichert sind

- die finanziellen Folgen einer Pflegebedürftigkeit.

Geltungsbereich. Ausschließlich in Österreich.

Staatliche Zuschüsse je nach Pflegestufe

Wer in Österreich pflegebedürftig wird, erhält eine staatliche Unterstützung. Die Pflegebedürftigkeit wird von einem ärztlichen Sachverständigen festgestellt, danach erfolgt die Einstufung in eine der sieben Pflegestufen. Die Höhe des Pflegegelds ist je nach Pflegestufe für alle Bezieher gleich, unabhängig vom vorherigen Einkommen und vorhandenen Vermögen, und liegt zwischen rund 150 Euro für Pflegestufe 1 und circa 1.600 Euro für Pflegestufe 7. Der Pflegeregress, also der staatliche Zugriff auf das Geld der Kinder, um die Kosten für ein Pflegeheim für die Eltern (mit)zufinanzieren, wurde österreichweit abgeschafft. Die staatlichen Zuschüsse sind nicht üppig, gewährleisten aber in jedem Fall, dass niemand im Bedarfsfall hilflos sich selbst überlassen wird. Wirklich wichtig ist die private Vorsorge daher in erster Linie für Menschen mit höheren Ansprüchen und größerem Vermögen, die vermeiden möchten, dass sie im Pflegefall auf ihr persönliches Kapital zurückgreifen müssen.

Erst ab höherer Pflegestufe

Oft erst ab Pflegestufe 3 oder 4 wirksam

Neben der Tatsache, dass das bestehende gesetzliche System Pflegebedürftige nach wie vor zuverlässig auffängt, ist die private Pflegeversicherung auch deshalb weniger gefragt, weil viele Tarife erst Leistungen ab Pflegestufe 3 oder 4 vorsehen. Mit gutem Grund: Mehr als 50 Prozent der Pflegebedürftigen fallen unter die Stufen 1 und 2 und würden somit trotz privater Pflegevorsorge keine Zuzahlungen aus ihrer Versicherung erhalten. Wer auch die unteren Stufen abgedeckt haben möchte, muss tief in die Tasche greifen: Um sich zum Beispiel ab 80 Jahren schon ab Pflegestufe 1 das Doppelte des gesetzlichen Pflegegeldes zu sichern, sind bei einem Einstiegsalter von 30 Jahren insgesamt circa 70.000 Euro, bei 70 Jahren mehr als 90.000 Euro (jeweils ohne Wertanpassung) an den privaten Versicherer zu überweisen.

Monatlich oder einmalig

Einmalerlag statt jahrelanger Monatsbeiträge

Wer in jüngeren Jahren einsteigt, zahlt deutlich niedrigere Prämien. Andererseits stehen zwischen 30 und 50 Jahren andere finanzielle Prioritäten an als die Vorsorge für einen möglichen Pflegebedarf im Alter. Auch ab 50 Jahren sind um die 100 Euro monatlich viel für eine Versicherung, die für die Hälfte der Betroffenen nicht zahlt, weil sie vielleicht erst ab Pflegestufe 3 oder 4 wirksam wird. Hier könnten Einmalerlags-Varianten eine Option sein, wie sie mehrere Versicherungsunternehmen anbieten. Statt jahrzehntelanger Monatsbeiträge zahlt man dann, wenn einen das Thema zu interessieren beginnt und auch absehbar ist, ob genug Erspartes übrig ist, um einmalig einen höheren Betrag auszulegen. Prinzipiell gilt: Je älter bei Vertragsabschluss und je später pflegebedürftig, desto mehr spricht für die Einmalerlags-Variante. Das maximale Abschlussalter liegt bei den meisten Anbietern zwischen 60 und 70 Jahren.

VKI-TIPP

Lassen Sie sich unbedingt beraten, um über alle Möglichkeiten (Einstiegsalter, monatliche versus Einmalzahlungen, Gewinnbeteiligungen, Nachversicherungsgarantie und viele sonstige Eigenheiten) Bescheid zu wissen. Fragen Sie auch nach möglichen Leistungsausschlüssen, wie etwa bei der Ausübung von Risikosportarten.

Vertrag stilllegen statt kündigen

Die Leistungspakete der privaten Pflegeversicherer sind sehr unterschiedlich, daher sollte nicht nur auf die Prämienhöhe und die spätere monatliche Pflegerente geachtet werden. Wichtig ist etwa auch, wann genau die Leistungspflicht des Versicherers beginnt oder welche Wartefrist in den Bedingungen festgelegt ist. Sie kann bis zu einem Jahr betragen, es gibt aber auch Anbieter, die ganz ohne Fristen auskommen.

Frei verfügbare monatliche Pflegerente

Sollte es mit den Prämienzahlungen einmal eng werden, wäre eine Kündigung schlecht, weil die bis dahin eingezahlten Prämien dann verfielen. Besser ist es, in einer finanziellen Notlage mit dem Versicherer über ein Stilllegen des Vertrags zu sprechen. Dann bleibt die Versicherung aufrecht, dafür gibt es im Pflegefall eine geringere monatliche Rente.

Die Versicherungsleistung erfolgt meist in Form einer monatlichen Zahlung (Rente), über die der Versicherte frei verfügen, also Reinigung, Hausarbeit, Essen auf Rädern oder 24-Stunden-Betreuung finanzieren kann. Die Höhe der Rente hängt unter anderem davon ab, ob sich der Anbieter nach den gesetzlichen Pflegestufen richtet, ob er eigene Kriterien festgelegt hat oder ob von vornherein ein für alle Stufen gleicher Pauschalbetrag vorgesehen ist.

Sterbegeldversicherung

Die Angst, nach ihrem Tod müssten ihre Angehörigen eine teure Beerdigung bezahlen, ist bei manchen Menschen groß. Wer das verhindern will, kann auf eine bestimmte Zeit – meist maximal 25 Jahre – eine Sterbegeldversicherung bzw. Bestattungsvorsorge abschließen. Die Prämien können monatlich oder auch durch einen Einmalerlag bezahlt werden. Die meisten dieser Policen sind allerdings teuer – gerade für Ältere. Wer beispielsweise 65 Jahre alt ist und im Todesfall eine Summe von 5.000 Euro ausgezahlt wissen will, der zahlt dafür schnell über 30 Euro im Monat. Das sind bei 20 Jahren Beitragsdauer stolze 7200 Euro, also mehr, als die Angehörigen ausgezahlt bekommen.

Besser auf eigene Faust ansparen

Eine Alternative ist, Geld für die eigene Bestattung auf einem Sparkonto anzusparen oder einmalig zu hinterlegen. Zinsen gibt es dafür aktuell zwar so gut wie keine, aber es kann so ein fixer Betrag für die eigene Beerdigung „reserviert" werden.

VKI-TIPP

Entscheiden Sie sich für diese Variante, müssen Sie allerdings dafür sorgen, dass eine Person Ihres Vertrauens Zugriff auf dieses Sparkonto oder Sparbuch hat. Durch Einrichtung eines entsprechenden Sperrvermerks können Sie sicherstellen, dass das angesparte Geld tatsächlich für Ihre Beerdigung und sonst nichts verwendet wird. Wenn Sie klare Vorstellungen über Ihre eigene Beerdigung haben, können Sie auch direkt mit dem Bestatter einen Vertrag abschließen.

Grabpflegeversicherung

Diese ist dann überlegenswert, wenn es keine Angehörigen gibt oder diese das Grab aus zeitlichen oder örtlichen Gründen nicht pflegen können. Stirbt der Versicherungsnehmer, wird das Geld ausgezahlt. Hier gibt es die Möglichkeit, entweder ein darauf spezialisiertes Unternehmen oder die Versicherung als Bezugsberechtigten anzugeben, die dann die Grabpflege organisiert, und zwar so lange, bis die Versicherungssumme aufgebraucht ist.

Fachbetrieb oder Organisation durch Versicherer

Rund ums Haustier

– Versicherungsschutz für Kleintierhalter
– Absicherung bei Krankheit und Unfall von Tieren

Tierhalter-Haftpflichtversicherung

STECKBRIEF

Deckungsumfang. Versichert sind

- Schäden, die das eigene Haustier an fremden Personen oder Sachen verursacht.

Geltungsbereich. Meist europaweit.

Tiere sind unberechenbar und können für ordentlich Wirbel sorgen, etwa wenn sie völlig unvermittelt zubeißen, zustechen oder ausbüxen und eine ganze Straße lahmlegen, Auffahrunfälle inklusive. Handelt es sich dabei um kleinere Tiere wie Katzen, Vögel oder Meerschweinchen, sind etwaige Schäden an anderen Personen oder fremden Sachen durch eine private Haftpflichtversicherung (► Seite 43), die meist Teil einer Haushaltsversicherung (► Seite 35) oder Eigenheimversicherung (► Seite 31) ist, gedeckt. Bei vielen Versicherern ist hier auch zumindest ein Hund inkludiert.

Speziell bei Hunden oder Pferden jedenfalls empfehlenswert

Sind mehrere Hunde vorhanden oder handelt es sich um größere Tiere wie Pferde, ist jedem Halter dringend eine Tierhalter-Haftpflichtversicherung anzuraten. Bei Hunden ist eine Haftpflichtversicherung in manchen Bundesländern wie Wien, Oberösterreich, Salzburg, Tirol und der Steiermark sogar verpflichtend. In Niederösterreich ist eine eigene Tier-Haftpflicht nur für Hunde mit erhöhtem Gefährdungspotenzial gesetzlich vorgeschrieben. Zu empfehlen ist sie bei Hunden aber auf jeden Fall, denn selbst friedliche Tiere können zum Beispiel durch Herumtollerei einen Autounfall mit mehreren Verletzten auslösen.

VKI-TIPP

Falls Sie eine Haushalts- oder Eigenheimversicherung haben und die Tier-Haftpflicht dort nicht inkludiert ist, kann das eigene Haustier oft durch eine Zusatzdeckung günstiger als mit einer eigenen Haftpflichtpolizze mitversichert werden. Lassen Sie sich den Einschluss schriftlich bestätigen, speziell wenn aus den Versicherungsunterlagen nicht eindeutig hervorgeht, ob der Hund in der Haftpflicht eingeschlossen oder eine Zusatzdeckung erforderlich ist. Und denken Sie daran, Ihren (Haushalts-)Versicherer zu informieren, wenn Sie sich ein Tier anschaffen! Ähnliches gilt übrigens für Reptilien oder Spinnen, die daheim gehalten werden: Auch diese Exoten können und sollten in die Haftpflicht eingeschlossen werden.

Schutz vor bösen Überraschungen

Haftung über die Haushaltsversicherung

Fische gelten im Vergleich zu vielem anderen Getier als harmlose, unproblematische Hausgenossen. Fließt jedoch das Aquarium aus, womöglich während des Urlaubs, sollten Aquarienfreunde ebenfalls über eine Haftpflichtversicherung verfügen, wollen sie nicht die Kosten für die dann fällige Wohnungsrenovierung des unteren Nachbarn übernehmen. Das Aquarium sollte ohnedies in die Haushaltsversicherung eingeschlossen werden, weil nur dann Schäden in der eigenen Wohnung gedeckt sind.

Tierkranken- und -unfallversicherung

STECKBRIEF

Deckungsumfang. Versichert sind je nach den gewählten Bausteinen

- Kosten für die tierärztliche Behandlung bei Krankheit, Unfall und OP-Eingriffen.

Geltungsbereich. Je nach Vereinbarung, häufig weltweit.

Eine Katze, die nicht mehr fressen mag und nur noch jämmerlich miaut, ein Hund, der sich eine Glasscherbe eintritt, oder ein Pferd, das an Koliken leidet – hier führt kein Weg um einen tierärztlichen Eingriff herum, und der kann sich bei gravierenderen Therapien rasch einmal auf mehrere hundert bis tausend Euro summieren.

Einzelne Bausteine oder Paketversicherungen

Für solche Fälle werden Tierversicherungen mit unterschiedlichen Bezeichnungen und Leistungen angeboten. Möglich sind Gesamtpakete – für Hunde und Pferde mit inkludierter Tierhalter-Haftpflichtversicherung (► Seite 89) – oder einzelne Bausteine, in erster Linie Tierkrankenversicherung, Tierunfallversicherung oder eine OP-Versicherung. Übernommen werden dann je nach den gewählten Komponenten die Behandlungskosten beim Tierarzt oder in einer Tierambulanz.

Routineeingriffe oft ausgeschlossen

Die Versicherungsleistungen sind aber in der Regel mit einer Jahreshöchstsumme oder anteilsmäßig (zum Beispiel „80 Prozent Kostenersatz pro Behandlung“) beschränkt. In der Praxis häufig auftretende und durchaus kostenintensive Routinebesuche beim Tierarzt und Vorsorgemaßnahmen wie beispielsweise Impfungen, Wurmkuren, Flohbekämpfung, Sterilisation oder Kastrationen und Zahnsteinentfernung sind oft überhaupt ausgeschlossen oder nur gegen Aufpreis erhältlich.

Routinebehandlungen und Vorsorgemaßnahmen oft ausgeschlossen

Unterbringungskosten des Tieres, wenn der Versicherungsnehmer selbst ins Spital muss oder verstirbt, sind ebenfalls meist nur gegen eine Zusatzvereinbarung möglich und werden nur übernommen, wenn niemand anderer im Haushalt das Tier versorgen kann.

In Anbetracht der vielen Ausschlüsse sind die Prämien nicht ohne. Je nach Leistungsumfang, dem gewählten Selbstbehalt und dem Limit für den Kostenersatz sollte bei Katzen mit mindestens 150 Euro pro Jahr gerechnet werden, bei Hunden liegen die Kosten schon bei mindestens 600 Euro jährlich, während die Leistungen vielleicht mit 1.000 Euro oder sogar weniger gedeckelt sind.

VKI-TIPP

Bei Hunden fällt die Prämie je nach Rasse unterschiedlich hoch aus, es gibt aber auch Anbieter mit einheitlichen Tarifen für alle Rassen. Verringern lässt sich die Prämie bei manchen Anbietern etwas, wenn Hund oder Katze gechipt werden. Auch eine Gesundheitsuntersuchung durch den Tierarzt vor Abschluss einer Tierversicherung kann sich prämienreduzierend auswirken. Nachfragen bei den Anbietern kann sich hier durchaus lohnen.

Vorzeitige Kündigung möglich

Versichert werden ausschließlich gesunde, vornehmlich jüngere Tiere zwischen dem 2. Lebensmonat und dem 6. oder 7. Lebensjahr bei Hunden und dem 9. Lebensjahr für Katzen. Zu achten ist auch auf die Wartefristen, die in der Polizze angeführt sind. Vor Abschluss bestehende Verletzungen oder chronische Erkrankungen sind ohnedies vom Versicherungsschutz ausgenommen.

Der Abschluss einer solchen Versicherung sollte gut überlegt werden – zumal nicht sicher ist, dass der vierbeinige Freund lebenslang in der Versicherung bleiben darf. Denn nach dem Erbringen von Leistungen ist der Versicherer berechtigt, den Vertrag zu kündigen.

Service

Glossar
Stichwortverzeichnis
Checklisten
Musterbriefe

Versicherungslatein von A–Z. Diese Begriffe sollten Sie kennen, denn sie kommen in vielen Polizzen vor oder spielen bei der Schadensabwicklung eine wichtige Rolle. Das Argument, dass man sie übersehen hat oder nicht wusste, was das heißt, zählt im Schadensfall nicht!

Abfindungserklärung
Schriftliche Bestätigung, dass der Versicherer nach einem Schadensfall eine pauschale Zahlung geleistet hat und Sie auf alle weiteren Ansprüche aus dem Versicherungsfall verzichten. Wenn Sie so eine Abschlagszahlung akzeptieren, müssen Sie später zutage getretene Schäden aus eigener Tasche zahlen.

Ablöse
Kommt meist in der Kfz-Versicherung zur Anwendung und bedeutet, dass anstelle der Reparaturkosten eines versicherten Schadens ein Geldbetrag an den Fahrzeugeigentümer ausgezahlt wird, weil der Versicherer davon ausgeht, dass der Schaden nicht behoben wird. Die Ablöse ist meist deutlich niedriger als die Kosten für die Reparatur des beschädigten Fahrzeugs und ist daher in der Regel nachteilig für den Versicherungsnehmer. Andererseits kann der Versicherungsnehmer den Ablösebetrag dazu verwenden, um den Schaden entweder selbst zu reparieren oder anderswo günstiger beheben zu lassen.

Akontierung
In manchen Schadensfällen braucht es viel Zeit, um den Umfang einer Versicherungsleistung zu erheben. Sobald feststeht, dass Sie Anspruch auf Entschädigung haben, können Sie jedoch einen Teil der Versicherungssumme gleich verlangen. Der Rest folgt, wenn alle Details geklärt sind.

Assistance-Leistungen
In vielen Polizzen wird Hilfestellung in Notsituationen rund um die Uhr versprochen, zum Beispiel die Organisation von Ersatzwohnung oder -auto, einer Spedition, eines Handwerkers, medizinische Hilfsdienste, Hilfestellung bei Verlust oder Diebstahl von Reisedokumenten und Ähnliches. Aber beachten Sie: Nur die Vermittlung und Organisation ist kostenlos, die vermittelte Leistung kann je nach Deckungsumfang des Versicherungsvertrags weitere Kosten verursachen.

Fahrlässigkeit
Sorglosigkeit oder Missachtung der gehörigen Sorgfalt. Leichte Fahrlässigkeit wäre zum Beispiel, mit dem Auto auf ein anderes Fahrzeug aufzufahren, weil man etwas zu schnell unterwegs war. Grob fahrlässig wäre, wenn man mit dem Auto fährt, obwohl man weiß, dass die Bremsen nicht funktionieren, oder wenn man mit Sommerreifen auf Schneefahrbahn unterwegs bist. Man hat also die erforderliche Sorgfalt in besonders schwerem Maß außer Acht gelassen und nicht beachtet, was jedem mit gesundem Menschenverstand klar sein müsste, oder sogar gegen bestimmte ► Obliegenheiten verstoßen. Bei grober Fahrlässigkeit gibt es in den meisten Versicherungssparten keine Leistung. Es gibt allerdings teilweise die Möglichkeit, grobe Fahrlässigkeit mitzuversichern.

Hauptfälligkeit (Skadenz)
Bezeichnet das Datum, zu dem die Prämienzahlung für die vereinbarte Versicherungsperiode fällig ist.

Höhere Gewalt
Umfassen von außen kommende, unabwendbare und nicht vorhersehbare außergewöhnliche Ereignisse, die auch mit äußerster Sorgfalt nicht verhindert werden können, wie etwa Naturkatastrophen oder auch Pandemien. Schäden aufgrund von höherer Gewalt sind in den meisten Versicherungssparten nicht oder nur eingeschränkt gedeckt.

Indexanpassung
► Wertanpassung(-sklausel)

Neuwert
Geht eines Ihrer versicherten Dinge kaputt oder wird es gestohlen, dann erhalten Sie jenen Betrag ersetzt, den Sie brauchen, um etwas Vergleichbares neu beschaffen zu können. Das muss aber nicht der gleiche Betrag sein, den Sie ursprünglich ausgegeben haben, zum Beispiel für ein Smartphone oder die Solaranlage beim Pool, die heute aufgrund der technischen Entwicklung vielleicht schon deutlich günstiger zu haben sind.

Obliegenheiten
Pflichten, die Sie unbedingt einhalten müssen, sonst muss der Versicherer teilweise oder gar nichts leisten. Zum Beispiel muss man im Versicherungsantrag ehrliche und korrekte Angaben machen. Weiters muss man den Versicherer informieren, wenn sich die eigenen Risiken während der Laufzeit erhöhen (etwa in der privaten Unfallversicherung, wenn man mit dem Fallschirmspringen beginnt oder wenn man bei Abschluss einer Berufsunfähigkeitsversicherung eine schwere Krankheit nicht gemeldet hat). Im Schadensfall muss man weitere Schäden möglichst abwenden und mindern, die notwendigen behördlichen Anzeigen erstatten und dem Versicherer alle wichtigen Informationen zur Verfügung stellen.

Regress Rückforderung des Versicherers an den Schadensverursacher für geleistete Schadenszahlungen, etwa bei Verletzung von ► Obliegenheiten oder grober ► Fahrlässigkeit.

Schadensablöse ► Ablöse

Selbstbehalt Jener Betrag, den man bei einem Schaden aus eigener Tasche zahlen muss. Dafür zahlt man etwas weniger Prämie. Wenn der Selbstbehalt nicht einmal jährlich, sondern bei jedem Schadensfall zu zahlen ist, kann bei mehreren Schäden pro Jahr einiges zusammenkommen. Daher rechnen Sie bei Selbstbehaltsvarianten genau nach, ob sich das für Sie lohnt.

Skadenz ► Hauptfälligkeit

Überversicherung Wenn die Versicherungssumme in der Polizze höher ist als der tatsächliche Wert (zum Beispiel bei einer Haushaltsversicherung, wo der Wohnungsinhalt nicht selten im Wert überschätzt wird), wird im Schadensfall trotzdem nur der Wert der versicherten Sache ausbezahlt, da dem Versicherten kein Gewinn aus einem versicherten Schaden erwachsen darf. Das, was zu viel an Prämie gezahlt wurde, wird üblicherweise nicht erstattet.

Unterjährigkeitszuschlag Wenn man die Prämie nicht für die gesamte Versicherungsperiode auf einmal im Voraus bezahlt, sondern zum Beispiel monatlich, kann der Versicherer einen Zuschlag verlangen. Bei einer Jahresprämie von 1.000 Euro etwa verteuert sich die Versicherung bei einem 6-prozentigen Zuschlag um 60 Euro.

Unterversicherung Vor allem in der Haushaltsversicherung kann es passieren, dass der Wert des Hausrats unterschätzt und eine zu niedrige Versicherungssumme vereinbart wird. Dann fallen zwar die Prämien niedriger aus, dafür erstattet der Versicherer im Schadensfall aber auch nicht die gesamte Schadenssumme.

Versicherungsbedingungen Beschreibung des „Produktinhalts“: Was ist versichert (= Leistungszusagen) und was nicht (= Ausschlüsse), wer ist wie lange versichert und wie kann man wieder aussteigen (= kündigen)?

Vorläufige Deckungszusage Ein vorläufiger Versicherungsschutz, der ab dem Moment gilt, wo man einen Versicherungsantrag unterschreibt, aber noch bevor die Polizze erstellt und die Erstprämie bezahlt wurde.

Vorvertragliche Anzeigepflicht Sie müssen dem Versicherer schon bei Antragstellung alle Ihnen bekannten und für das zu versichernde Risiko wesentlichen Umstände mitteilen. Tun Sie das nicht, muss der Versicherer im Schadensfall möglicherweise nichts zahlen. Beispiel private Kranken- oder Berufsunfähigkeitsversicherung, wo Sie alle Vorerkrankungen angeben müssten, aber total vergessen, dass Sie Allergiker sind, und der Berater auch nicht danach gefragt hat. Treten dann Erkrankungen als Folge der Allergie auf, ist die Versicherung unter Umständen leistungsfrei.

Wertanpassung (-sklausel) Automatische Anpassung von Prämie und Versicherungssumme entsprechend dem von der Statistik Austria veröffentlichten Verbraucherpreisindex (etwa bei der Haushalts- oder Rechtsschutzversicherung) oder dem Baukostenindex (bei der Eigenheimversicherung), um die Inflation auszugleichen und eine Unterversicherung zu verhindern. Wird die Prämie nicht automatisch angepasst, entsteht unter Umständen mit der Zeit eine Unterversicherung.

Zeitwert Der Wert einer Sache zu einem bestimmten Zeitpunkt. Um ihn festzulegen, werden vom ► Neuwert vor allem Alter, Abnutzung, Gebrauch und technische Entwicklung abgezogen. Zum Beispiel liegt der Zeitwert für ein E-Bike, das beim Kauf noch einen Neuwert von 5.000 Euro hatte, nach einem Jahr mäßigen Gebrauchs vielleicht nur noch bei der Hälfte, weil in der Zwischenzeit eine Version mit höherer Akku-Reichweite, besserer Schaltung, geringerem Gewicht usw. auf dem Markt ist.

L

M

N

O

P

R

S

Die folgenden Checklisten sollen Sie dabei unterstützen, grundsätzliche Fragen vor einem Versicherungsvergleich, vor und während eines Beratungsgesprächs und im Schadensfall zu überdenken. Anhand der Checklisten zu den einzelnen Versicherungen können Sie noch einmal Punkt für Punkt überprüfen und entscheiden, was davon in Ihrer Polizze enthalten sein soll und was in einem vorliegenden Angebot steht. Alle Checklisten stehen online unter **www.konsument.at/gut-versichert** zum Download zur Verfügung.

Die nachfolgenden Musterbriefe können mit Ihren persönlichen Daten ausgefüllt werden. Alle Briefe stehen online unter **www.konsument.at/gut-versichert** zum Download zur Verfügung.

Checkliste 1: Haushaltsplan

Listen Sie Ihre Haushaltskosten möglichst detailliert und genau auf. Das verschafft einen Überblick über die monatlich anfallenden Ausgaben und zeigt auf, ob überhaupt und wie viel Spielraum für (weitere) Polizzen vorhanden ist und wie hoch die Prämien maximal ausfallen sollten.

	Ausgaben pro Monat
Wohnen Miete und Betriebskosten, Strom und Warmwasser, Heizung (Gas, Fernwärme), Reparaturen/Wartung, Wasser und Abwasser (Haus), Kreditraten (bei Eigentum)	
Mobilität (Auto und Öffis) Kraftstoff/Reparaturen/Service, Garage/Parkgebühren/Stellplatz, Versicherungen/Steuer/Vignette(n), Öffentlicher Verkehr/Netzkarte	
Sparen und Versicherungen Bausparen, Sparen/Rücklagen, Haushalts-/Eigenheimversicherung, private Unfallversicherung, Ablebens-/Lebensversicherung, private Krankenversicherung, Rechtsschutzversicherung, …	
Kommunikation Telefon (Festnetz, Handy), Internet, TV, Rundfunkgebühren	
Gesundheit Selbstbehalt – Rezeptgebühr, Diätkosten, Arztbesuch/Medikamente/Heilbehelfe/Optiker, Therapiekosten	
Kinder Schulkosten, Nachmittagsbetreuung (Hort), Kindergarten/Tagesmutter, Taschengeld	
Steuern/Beiträge Kirchenbeitrag, Gewerkschaftsbeitrag, Mitgliedsbeiträge, Grundsteuer	
Haushaltsausgaben Kleidung und Schuhe, Möbel, Ausstattung, Nahrungsmittel, auswärts essen, Reinigungsmittel/Wohnungsreinigung, Körperpflege, Haustier	
Soziales und Kultur Urlaub, Hobbys, Fortgehen, Kultur, Freizeitaktivitäten	
Sonstiges	
Gesamtkosten monatlich	

Checkliste 2: Polizzenübersicht

Der Versicherungsbedarf ändert sich mit wechselnden Lebenssituationen. Regelmäßiges Aktualisieren der bestehenden Polizzen erspart Kosten für überflüssig gewordene Bausteine und Zusätze, regelmäßige Tarifvergleiche sorgen für günstigere Prämien.

Art der Versicherung	Bewertung[1]	Geeignet …	Vorhanden	Prämie jährlich	Aktualisierungsbedarf
Schadenersatzforderungen					
Privathaftpflichtversicherung	1	für jeden; Kinder sind bei den Eltern mitversichert	☐	€	
Kfz-Haftpflichtversicherung	1	für jeden Autobesitzer; ist Pflicht	☐	€	
Tierhalter-Haftpflicht	1	für Hunde- und Pferdebesitzer	☐	€	
Leben					
Risikoablebensversicherung	1	für alle, die andere versorgt wissen wollen	☐	€	
Sterbegeldversicherung	5	besser alternativ ansparen	☐	€	
Kranken- und Pflegeversicherung					
Sonderklasse im Krankenhaus	3	für Leute, die freie Arztwahl wünschen und in Ein- oder Zweibettzimmern untergebracht werden wollen	☐	€	
Privatarztversicherung	4	für Personen, welche die Kostenübernahme von privaten Ärzten möchten	☐	€	
Zahnzusatzversicherung	5	kann nur in Verbindung mit teurer Krankenhauskostenversicherung abgeschlossen werden, hat niedrige Jahresobergrenzen; gleicht eher einem Sparvertrag als einer Versicherung	☐	€	
Krankentagegeldversicherung	5	nur für jene, die während eines Krankenhausaufenthalts einen Verdienstentgang haben	☐	€	
Private Pflegeversicherung	3	für Personen, die die staatlichen Leistungen auffetten wollen	☐	€	
Berufsunfähigkeit und Invalidität					
Berufsunfähigkeitsversicherung	2	für alle, die vom Arbeitseinkommen leben	☐	€	
Erwerbsunfähigkeitsversicherung	2	für jene, denen eine Berufsunfähigkeitsversicherung zu teuer ist oder die aus Gesundheitsgründen keine bekommen	☐	€	
Unfallversicherung	2	für alle Personen, speziell für Kinder, Jugendliche und Senioren sowie Personen, die keine BU- oder EU-Versicherung bekommen	☐	€	

[1] **Sehr empfehlenswert** (1) bis **unwichtig** (5)

Art der Versicherung	Bewertung[1]	Geeignet ...	Vorhanden	Prämie jährlich	Aktualisierungsbedarf
Wohnen					
Haushaltsversicherung	2	für jeden, der den Verlust seines Wohnungsinhalts abgesichert haben möchte; inkludiert die wichtige Privathaftpflichtversicherung	☐	€	
Eigenheimversicherung	1	für jeden, der den Verlust seines Eigenheims, zum Beispiel durch einen Brand, finanziell nicht verkraften würde	☐	€	
Recht bekommen					
Rechtsschutzversicherung	4	für Personen, die die Wahrnehmung rechtlicher Interessen und dabei entstehende Kosten abwälzen wollen; das bieten in Teilbereichen auch Mieterschutz oder Gewerkschaft	☐	€	
Auto					
Kfz-Haftpflichtversicherung	1	Pflicht; übernimmt berechtigte Forderungen Dritter und wehrt unberechtigte Forderungen ab	☐	€	
Kfz-Kaskoversicherung	3	für neue, teure Autos; freiwillig	☐	€	
Kfz-Rechtsschutzversicherung	3	für Vielfahrer	☐	€	
Reise					
Stornoversicherung	2	für lange im Voraus gebuchte, teure Reisen (bes. mit mehreren Personen)	☐	€	
Reisegepäckversicherung	5	nur für gut beaufsichtigtes oder verwahrtes Gepäck wird bis zur Höchstgrenze entschädigt	☐	€	
Reisekrankenversicherung	3	für Personen, die in Länder reisen, mit denen kein Sozialversicherungsabkommen besteht und wo die Krankenbehandlung sehr teuer ist	☐	€	

[1] **Sehr empfehlenswert** (1) bis **unwichtig** (5)

Checkliste 3: Vorbereitung auf das Beratungsgespräch

Je besser Sie sich auf eine Beratung vorbereiten und je genauer Sie wissen, was Sie brauchen und möchten, desto zielführender wird die Beratung ausfallen.

☐	**Kontrolle** Falls Sie bereits Versicherungen laufen haben, holen Sie Ihre Versicherungsdokumente hervor und gehen Sie den VKI-Risiko-Check Schritt für Schritt durch. Überprüfen Sie dabei gleich, ob alles noch dem aktuellen Familien- und Wohnstand entspricht.
☐	**Budget** Legen Sie fest, wie hoch Ihr Budget für Versicherungen und Vorsorge ist oder sein könnte.
☐	**Schreiben** Sie sich Fragen und Überlegungen auf, die beim Beratungsgespräch geklärt werden sollen.
☐	**Polizzen** Nehmen Sie zum Beratungsgespräch bestehende Polizzen und den VKI-Risiko-Check-Report als Grundlage mit. Lassen Sie sich von Ihrem Berater erklären, warum er bestimmte Deckungssummen oder Lösungen empfiehlt, und bitten Sie jeweils um genaue Angaben dazu, wie lange Sie sich mit einer Versicherung binden, was an Prämien zusammenkommt und ob eine vorzeitige Auflösung mit Kosten verbunden ist.
☐	**Zweite Meinung** Bei Zweifeln an den Angaben des Beraters holen Sie eine zweite Meinung durch einen unabhängigen Makler ein. Aber lassen Sie sich dort nicht sofort zum Wechseln des gesamten Pakets auf ein vermeintlich günstigeres überreden: Bei manchen Versicherungen zählen Eintrittsalter und Gesundheit, oder es sind bei vorzeitigem Ausstieg Treuerabatte nachzuzahlen.
☐	**Rücktritt** Falls Sie sich zu einer voreiligen Unterschrift überreden haben lassen, können Sie innerhalb von 14 Tagen nach Erhalt der Versicherungspolizze vom Vertrag zurücktreten.
☐	**Überprüfen** Sie alle ein bis zwei Jahre, ob Ihre Dokumente noch auf dem aktuellen Stand sind.
☐	**Verzetteln** Sie sich nicht mit zahlreichen Klein-, Kurz- und Spezialpolizzen. Konzentrieren Sie sich vielmehr darauf, dass Ihre existenziellen Risiken abgedeckt sind.

Checkliste 4: Regelmäßiger Polizzencheck

Die folgenden Punkte sollten bei jeder Polizze regelmäßig überprüft werden, damit Sie nicht unter- oder überversichert sind und Prämien ohne Aussicht auf eine Ersatzleistung zahlen (siehe dazu auch die Checklisten zu den jeweiligen Versicherungssparten).

Unverändert	Zu aktualisieren	
☐	☐	Brauchen Sie diese Versicherung überhaupt (noch) oder ist das versicherte Risiko (zum Beispiel durch Scheidung, Umzug, Aufgabe eines gefährlichen Hobbys, …) weggefallen? Lohnt sich die Kfz-Kaskoversicherung, die Versicherung für Fahrrad, Handy, Snowboard oder Flat-TV überhaupt noch? Ab einem gewissen Alter des versicherten Gegenstands wird nur noch wenig oder gar kein Ersatz geleistet.
☐	☐	Gab es sonst Veränderungen an Ihrer Lebenssituation: Berufswechsel, neuer Partner, Familienzuwachs, neues (versicherungsrelevantes) Hobby, Wechsel von Berufstätigkeit in die Pension, …?
☐	☐	Stimmen die versicherten Personen noch, ist ein Partner dazu- oder weggekommen, sind Kinder dazugekommen, ausgezogen oder aufgrund ihres Alters nicht mehr mitversichert? Läuft noch eine Ablebensversicherung, obwohl es keine versorgungsbedürftigen Angehörigen mehr gibt? Sind die Kinder nicht mehr mitversichert, unbedingt auf deren eigene private Haftpflichtversicherung achten.
		Versicherungssumme und Deckungsumfang
☐	☐	– Haushalts-/Eigenheimversicherung: Stimmen die Angaben bezüglich Ausstattungskategorie oder Wohnraumgröße noch: Wurde Wertvolles angeschafft, technisch aufgerüstet, zugebaut, eine Klima- oder Solaranlage hinzugefügt? Oder wurde ein Wohnbereich stillgelegt?
☐	☐	– Privathaftpflicht: Ist die Versicherungssumme noch zeitgemäß (z.B. bei Heirat, Familienzuwachs, wenn ein Hund, eine Drohne, … angeschafft wurde)?
☐	☐	– Private Unfallversicherung: Kamen Risiken/ein gefährliches Hobby hinzu oder weg? Nicht jede persönliche Änderung muss unbedingt Auswirkungen auf die eigenen Versicherungen haben; aber es ist besser, den Versicherer diesbezüglich zu kontaktieren, als im Schadensfall nichts oder weniger an Ersatz zu erhalten. Bei vermindertem Risiko lässt sich möglicherweise die Prämie reduzieren.
☐	☐	Gibt es noch Polizzen, für die ein Unterjährigkeitszuschlag verrechnet wird? Wenn ja, unbedingt auf jährliche Einmalzahlung umstellen.
☐	☐	Doppel- und Mehrfachversicherungen: Ist eine Versicherungspolizze, eine Vereinsmitgliedschaft, eine Kreditkarte dazugekommen, die möglicherweise Versicherungsleistungen enthält? Auch wenn man ein Risiko dreifach versichert hat (z.B. ein Reisestorno über Kreditkarte, eigene Reiseversicherung und über das Online-Flugticket als Zusatz), wird der Schaden nur EINMAL vom Versicherer ersetzt.

Checkliste 5: Wie vorgehen im Schadensfall?

Damit ein Versicherer Schadenersatz leistet, müssen im Unglücksfall bestimmte Schritte eingehalten werden. Gehen Sie im Schadensfall die folgende Liste durch, nehmen Sie sie vor der Schadensmeldung beim Versicherer zur Hand, um nichts zu vergessen.

	Versicherung .... Polizzen-Nr. .... Kontaktdaten des Betreuers .... Kontaktdaten des Versicherers/Hotline ....
☐	**Schaden begrenzen** Etwa bei Einbruch oder Diebstahl gestohlene Sparbücher, Kredit-, Bankomat- und Wertkarten sperren lassen, Türschloss sofort auswechseln; bei Wasserschaden Haupthahn abdrehen, bei einem Autounfall die erforderlichen Warndreiecke aufstellen und die Warnweste tragen. Bei Einbruch, Diebstahl, Brand, Explosion, Vandalismus, Parkschaden und Wildschaden unverzüglich Feuerwehr und/oder Polizei verständigen.
☐	**Schäden dokumentieren mit Fotos** Listen Sie alle wichtigen gestohlenen oder beschädigten Gegenstände mit Wertangaben auf, sammeln Sie alle Beweise, zum Beispiel Schriftstücke, Rechnungen und Gutachten, und leiten Sie sie in Kopie an den Versicherer weiter. Ebenso Namen und Anschrift allfälliger Zeugen.
☐	**Den Schaden melden** Die Frist, bis wann Sie den Versicherer kontaktieren sollten, variiert je nach Sparte, sollte aber einige wenige Tage nicht überschreiten. Der Versicherer behält sich vor, beschädigte Sachen zu begutachten, daher nicht gleich entsorgen!
☐	**Versicherungsbedingungen durchsehen** Welche Schäden sind gedeckt? Bei Extraausgaben prüfen Sie, welche Kosten ersetzt werden (zum Beispiel Ersatzwohnung, Reinigung).
☐	**Was, wann, wo, wie** Die schriftliche Schadensmeldung sollte detailliert wiedergeben, was genau wann, wo und wie passiert ist. Vermeiden Sie unpräzise Formulierungen wie „Ich ersuche um angemessene Entschädigung", nennen Sie konkrete Beträge. Auch Eigenleistungen (etwa Aufräumarbeiten, Reinigung, Reparaturen) können zu marktüblichen Konditionen geltend gemacht werden.

Checkliste 6: Eigenheimversicherung

Eigenheimversicherungen werden praktisch immer als Kombipakete mit Versicherungsschutz bei Schäden durch Feuer, Sturm, Leitungswasser und Hagel sowie Haus- und Grundbesitzer-Haftpflicht angeboten. Einen Rundum-Schutz fürs Haus bieten sie nicht, da viele Gefahren bereits von vornherein ausgeschlossen sind oder die Schadensdeckung nach Größe oder betragsmäßig begrenzt ist. Überlegen Sie daher genau, was Sie wirklich brauchen, ob das in einem Angebot enthalten ist und wenn ja, ob die in Aussicht gestellte Entschädigungsleistung ausreichend ist.

Baujahr bzw. Jahr einer Totalsanierung: .... Gebäudeflächen: Bebaute Fläche (Grundfläche des Hauses): .... m² Gesamte Wohnfläche des Hauses: .... m² Grundfläche der Nebengebäude: .... m²	Spezielle Objekte am Grundstück: Carport, Schwimmbecken, Glasflächen, Solaranlage, Photovoltaik (am Dach oder freistehend?), Klimaanlage, Öltank, … Ausstattungskategorie: Einfach □ | Standard □ | Hochwertig □ | Luxuriös □
Ja □ Nein □ Versicherungssumme:	Sind Versicherungssumme und Gebäudeflächen korrekt angegeben? Machen Sie mit Ihrem Berater eine Auflistung aller Gebäudeflächen – am besten vor Ort. Bei fehlerhaften Angaben droht Unterversicherung. Die Versicherung kann im Schadensfall die Leistung kürzen.
Ja □ Nein □ bis zu .... m²/ bis zu .... €	Sind alle Nebengebäude korrekt angegeben? Gibt es Beschränkungen nach m² oder betragsmäßig, und wenn ja, würden die Deckungssummen bei einem Totalschaden zur Wiederherstellung durch Professionisten reichen?
Ja □ Nein □	Sind sonstige Objekte wie Zäune, Mauern, … inkludiert?
Ja □ Nein □ bis zu .... m²/ bis zu ....€	Besteht für alle Gebäudeverglasungen (auch von Nebengebäuden, Glaszäunen, …) eine Deckung für Glasbruchschäden? Sind Einschränkungen angegeben? Wenn ja, bis zu welchem Betrag?
Ja □ Nein □ bei Schäden durch	Falls Sie Schwimmbecken, Solar- oder Photovoltaikanlagen haben: Sind diese im Versicherungsschutz eingeschlossen? Für welche Gefahren (Feuer, Sturm, Hagel, Schneedruck, Diebstahl, Überspannung) wird Versicherungsschutz für diese Sachen gewährt? Bei sehr kostspieligen Anlagen eventuell Angebote für separate Versicherungen einholen.
Ja □ Nein □ bis zu .... €	Falls aufgrund der Lage ein erhöhtes Risiko von Katastrophenschäden (Hochwasser, Überschwemmung, Vermurung, Kanalrückstau, Erdbeben, Lawinen) besteht: Sind diese inkludiert und wenn ja, wie hoch sind die Deckungssummen? Oft gibt es dafür nur sehr begrenzten Versicherungsschutz (z.B. 10.000 €). Erhöhen Sie, wenn möglich, die Versicherungssumme für diese Katastrophenschäden und lassen Sie sich genau erklären, was im Katastrophenpaket enthalten ist.
Ja □ Nein □ .... bis zu .... € .... bis zu .... €	Sind Deckungserweiterungen enthalten wie Schäden durch unbekannte KFZ (Auf- oder Anprall), Vandalismusschäden oder Schäden durch Rauch und Ruß (auch ohne vorhergehenden Feuerschaden)? Welche und zu welchen Maximalbeträgen? Ohne besondere Erweiterung sind diese Schäden nicht versichert.
Ja □ Nein □	Wird Ersatz zum Neuwert garantiert? Ersatz zum Neuwert ist vor allem bei älteren Gebäuden wichtig, da sonst nur der Zeitwert ersetzt wird. Dieser ist nach einigen Jahren Benützung meist schon sehr gering.
Ja □ Nein □ .... €	Ist eine Haus- und Grundbesitzer-Haftpflichtversicherung inkludiert? Wie hoch ist die Versicherungssumme? Marktüblich und empfehlenswert: mindestens 2 Mio. €
Ja □ Nein □	Wird im Vertrag auf den Angehörigenausschluss verzichtet? Ist der Angehörigenausschluss im Versicherungsvertrag enthalten, besteht kein Versicherungsschutz, wenn es zu Schadenersatzforderungen von bestimmten Angehörigen (auch bei anderem Wohnsitz) kommt.
.... Ja □ Nein □	Wenn Sie neu bauen und eine Rohbauversicherung benötigen: Welche Schäden sind gedeckt? Unter welchen Voraussetzungen besteht Versicherungsschutz? Eine Versicherung während der Rohbauzeit ist entweder sehr günstig oder kostenlos (zumindest auf eine bestimmte Zeit). Voraussetzung dafür ist zumeist, dass ein mehrjähriger Eigenheim-Vertrag abgeschlossen wird, der dann nach Ende der Rohbauphase aktiv wird. Ist eine Bauherren-Haftpflichtversicherung inkludiert? Diese schützt bei Schadenersatzzahlungen sowie bei der Abwehr solcher Forderungen in Ihrer Funktion als Bauherr.
Ja □ Nein □ Zu .... %	Sind grob fahrlässig herbeigeführte Versicherungsfälle gedeckt? Zu wie viel Prozent (möglichst zu 100 Prozent)? Ohne eine entsprechende Erweiterung ist der Versicherer bei grob fahrlässig herbeigeführten Versicherungsfällen leistungsfrei. Das bedeutet oft unangenehme und langwierige Diskussionen im Schadensfall, ob grobe Fahrlässigkeit im konkreten Fall vorliegt oder nicht.

Checkliste 7: Haushaltsversicherung

Die Haushaltsversicherung deckt Schäden an allen beweglichen Gegenständen in den eigenen vier Wänden. Möbel, Teppiche, Vorhänge, Einrichtungsgegenstände, Kleidung, Schuhe, Elektrogeräte etc. sind gegen Schäden wie Feuer, Blitz, Sturm, Hagel, Leitungswasseraustritt, Einbruchdiebstahl und auch Glasbruch versichert oder versicherbar. Zusätzlich ist in fast allen Haushaltsversicherungsverträgen eine private Haftpflichtversicherung inkludiert.

Ja	Nein	Wohnungsgröße: .... m² Versicherungssumme: .... € Ausstattungskategorie: Einfach ☐ | Standard ☐ | Hochwertig ☐ | Luxuriös ☐
☐	☐	Ist die Wohnung mind. 270 Tage im Jahr bewohnt? (Bei Zweitwohnsitzen ist die Prämie wegen des höheren Einbruchsrisikos höher.) Diese Angabe ist eine vorvertragliche Anzeigepflicht. Eine falsche Angabe kann im schlimmsten Fall zur Leistungsfreiheit des Versicherers führen.
☐	☐	Sind die Versicherungssumme und die Wohnnutzfläche korrekt angegeben? Erkundigen Sie sich bei Ihrem Berater, was genau als Wohnnutzfläche zählt. Bei der Quadratmetervariante (bestimmte Versicherungssumme pro Quadratmeter Wohnfläche) verzichtet der Versicherer üblicherweise auf den Einwand der Unterversicherung, dafür muss eine Wertanpassungsklausel (Indexanpassung) unterzeichnet werden. Bei fehlerhaften Angaben droht Unterversicherung. Der Versicherer kann im Schadensfall die Leistung kürzen.
☐	☐	Ist eine Indexanpassung (Wertanpassungsklausel) vereinbart? Durch diese Klausel werden Versicherungssumme und Prämie automatisch jährlich angepasst. Das ist sinnvoll, denn im Schadensfall soll der gesamte und jeweils aktuelle Wert ersetzt werden.
☐	☐	Haben Sie wertvolle Sonderausstattung wie Spezialverglasungen, Kunststoffverglasung, Kachelofen, Aquarien, Wasserbetten, …? Passen Sie die Versicherungssumme für eine mögliche Sonderausstattung an Ihre Situation an.
☐	☐	Soll Glas mitversichert werden? Glasbruch zählt zu den häufigsten Schäden im Haushalt. Eine fix inkludierte Glasbruchversicherung umfasst meist nur Schäden an Flachglas (Fensterscheiben, Cerankochfelder, Duschkabinen etc.). Nicht inkludiert sind üblicherweise Schäden an Glasgeschirr, Lampen oder Brillengläsern. Auch bei versicherten Gegenständen ist nur der Bruch versichert, eine Kerbe oder Absplitterung nicht. Glasbruch ist ein teurer Baustein. Wer darauf verzichten kann, spart bis zu einem Drittel der Prämie.
☐	☐	Haben Sie wertvolle Sachen im Keller(-abteil) (z.B. Fahrräder, Wertgegenstände)? Prüfen Sie, inwieweit Versicherungsschutz für diese Sachen insbesondere gegen Diebstahl besteht. Bei einigen Versicherungsprodukten sind pauschal Boden- und Kellerkram mit einer Leistungsobergrenze versichert. Das ist unter Umständen nicht ausreichend.
☐	☐	Beachten Sie die Höchstentschädigungsgrenzen für Bargeld, Schmuck und sonstige Wertgegenstände und erhöhen Sie diese, wenn notwendig. Legen Sie ein Verzeichnis Ihrer Wertgegenstände an und machen Sie auch Fotos. Das erleichtert bei einem Diebstahl die Schadensabwicklung.
☐	☐	Haben Sie wertvolle Sachen im Freien (z.B. Rasenroboter)? Prüfen Sie, inwieweit Versicherungsschutz für Sachen im Freien insbesondere gegen einfachen Diebstahl oder indirekten Blitzschlag besteht.
☐	☐	Sollen Fahrräder mitversichert sein? Fahrräder sind über die Haushaltsversicherung meist nur dann mitversichert, wenn sie im versperrten Fahrradkeller verwahrt werden. Dieser Schutz kann aber einerseits über die Haushaltsversicherung oder über ein eigenes Fahrraddiebstahlprodukt ausgeweitet werden.
☐	☐	Sind Assistance-Leistungen inkludiert? Damit sind Serviceleistungen oder Soforthilfen im Schadensfall gemeint, die über den Versicherer abgewickelt werden müssen. Dabei werden organisatorische Hilfen wie die Vermittlung einer Ersatzwohnung nach einem Brand oder die Vermittlung eines Handwerkers zur Schadensbehebung übernommen. Achtung: Oft werden nicht automatisch die Kosten für die vermittelte Leistung übernommen, sondern lediglich die Organisation.
☐	☐	Sind Feuerlöscher, Rauchmelder, Sicherheitstüren, Alarmanlagen und ähnliche Sicherheitseinrichtungen Voraussetzung für den Versicherungsschutz? Fragen Sie jedenfalls nach, ob bestimmte Sicherheitsvorkehrungen vorgeschrieben sind, um überhaupt Versicherungsschutz zu haben oder ob diese helfen, die Prämie zu senken.
☐	☐	Sind Selbstbehalte vorgesehen bzw. können Sie sich vorstellen, kleinere Schäden selbst zu übernehmen? Selbstbehalte können die Prämie deutlich reduzieren, da der Versicherer dadurch den Aufwand für die Schadensabwicklung kleinerer Schäden vermeidet. Dadurch lassen sich bis zu 50 % der Prämie einsparen, Kleinschäden werden dann allerdings nicht übernommen.

Checkliste 8: Private Unfallversicherung

Die private Unfallversicherung leistet über die gesetzliche Unfallversicherung (leistet bei Unfällen am Weg von und zur Arbeit und am Arbeitsplatz) hinaus. Es gibt Personengruppen, die bei Unfällen nicht versichert sind, beispielsweise Hausfrauen und Hausmänner sowie Kinder (nur im Kindergarten und in der Schule). Unfälle im Privatbereich sind von der gesetzlichen Unfallversicherung gänzlich ausgenommen. Ziel einer Unfallversicherung ist die finanzielle Absicherung für den schlimmsten denkbaren Fall: die Vollinvalidität und Erwerbsunfähigkeit.

Ja	Nein	Versicherungssumme: .... €
☐	☐	Ist die Versicherungssumme ausreichend? Die Versicherungsleistung sollte mindestens das fünf- bis sechsfache Bruttojahreseinkommen bzw. mindestens 100.000 € ausmachen. Bei einem Bruttojahresgehalt von 30.000 € bedeutet das eine Versicherungssumme von 150.000 € mit einer möglichst hohen Progression von 400 % und mehr. Progression heißt, dass bei schwerer Invalidität ein Vielfaches der Grund-Versicherungssumme (hier 400 % von 150.000 €, also 600.000 €) als Leistung ausbezahlt wird.
ab .... %		Ab wie viel Prozent Invalidität erfolgen Leistungen des Versicherers? Wünschenswert wäre ab 1 %. Wenn Sie allerdings eher den Worst Case versichern und dafür weniger Prämie zahlen möchten, sollte Invalidität zumindest ab 10 % versichert sein. Achtung bei mitversicherten Partnern und Kindern: Manchmal gilt für Mitversicherte eine niedrigere Invaliditätsleistung.
☐	☐	Ist die Höhe des Versicherungsschutzes im Leistungsbaustein Dauerinvalidität ausreichend? Rechnen Sie – eventuell mit Hilfe Ihres Beraters – nach, wie hoch der Schutz sein müsste, um den aktuellen Lebensstandard halten zu können. Insbesondere eine Dauerinvalidität nach einem Unfall kann existenzbedrohend sein.
☐	☐	Ist die Höhe des Versicherungsschutzes im Leistungsbaustein Bergungskosten ausreichend? Für Bergungskosten sollten in der Polizze mindestens 10.000 € vorgesehen sein, um auch kompliziertere Rettungsaktionen mit vielen Einsatzkräften, Hubschrauber usw. zu decken. Bei vielen Freizeitaktivitäten im Ausland (Bergtouren etc.) sollte auch die Rückholung in die Heimat inkludiert sein.
☐ ☐	☐ ☐	Haben Sie im Antragsformular alle beruflichen Tätigkeiten – auch nebenberufliche – angegeben? Beim regelmäßigen Versicherungscheck: Hat sich daran seit Abschluss der Polizze etwas geändert? Bei mangelhaften Angaben kann der Versicherer leistungsfrei sein. Melden Sie Änderungen während der Laufzeit sofort an den Versicherer, auch, wenn Sie in einen weniger riskanten Beruf wechseln, da sich dadurch die Prämie verringern kann.
☐ ☐	☐ ☐	Haben Sie im Antragsformular alle gefährlichen Freizeitbeschäftigungen angegeben? Besprechen Sie mit Ihrem Berater, welche Aktivitäten beim jeweiligen Versicherungsunternehmen als riskant gelten – die Einschätzungen variieren je nach Versicherer. Beim regelmäßigen Versicherungscheck: Hat sich daran seit Abschluss der Polizze etwas geändert? Bei mangelhaften Angaben kann der Versicherer leistungsfrei sein. Melden Sie Änderungen während der Laufzeit sofort an den Versicherer, auch, wenn Sie riskante Hobbys aufgegeben haben, da sich dadurch die Prämie verringern kann.
☐	☐	Haben Sie alle Gesundheitsfragen am Antragsformular gewissenhaft und genau beantwortet? Mit Abschluss des Versicherungsvertrags werden Ihre behandelnden Ärzte von ihrer Schweigepflicht entbunden. Kommt es zu einem Versicherungsfall, kann der Versicherer die Patientenakte anfordern. Es ist daher empfehlenswert, Rücksprache mit dem Hausarzt zu halten, um wirklich alle relevanten Erkrankungen und Gebrechen anzuführen, denn bei mangelhaften Angaben kann der Versicherer leistungsfrei sein.
☐	☐	Haben Sie insbesondere die Ausschlüsse in den Bedingungen (AUVB) überprüft? Möglicherweise sind Tätigkeiten, die Sie ausüben, vom Versicherungsschutz ausgeschlossen (z.B. Bergsteigen oder Bergtouren, Fahren auf Rennstrecken, Canyoning, Downhill-Mountainbiking etc.).
☐	☐	Ist ein Ausschluss für Bewusstseinsstörungen in den Bedingungen (AUVB) enthalten? Ist dieser Ausschluss enthalten, ist der Versicherer unter Umständen bereits bei einem Unfall aufgrund eines Kreislaufkollapses leistungsfrei.
☐	☐	Ist eine möglichst lange Frist für die Geltendmachung des Anspruchs auf Dauerinvaliditätsleistung vorgesehen (zumindest 24 Monate) oder noch besser überhaupt keine Fristbeschränkung angegeben? Ist die Frist für die Geltendmachung abgelaufen, verlieren Sie Ihren Anspruch auf eine Leistung aus der Dauerinvalidität.
☐	☐	Werden Unfallkosten (z.B. Heilkosten) zumindest bis zu vier Jahre nach einem Unfall ersetzt? Erfolgen Heilbehandlungen nach Ablauf dieser Frist, muss der Versicherer die Kosten nicht mehr ersetzen. Dies kann insbesondere bei langwierigen Behandlungen problematisch sein.
		Kinder und Familien zusätzlich
Partner .... € Kind .... €		Wie hoch ist die Invaliditätsleistung für den mitversicherten Partner und die Kinder? Ab welchem Invaliditätsgrad wird der Versicherer leistungspflichtig? Manchmal gilt für Mitversicherte eine niedrigere Invaliditätsleistung.
☐	☐	Sind Ihre Kinder noch mitversichert und bis zu welchem Alter? Oft sind Kinder ab Erreichen eines bestimmten Alters, ab Aufnahme einer Berufstätigkeit oder mit Umzug in einen eigenen Haushalt plötzlich nicht mehr versichert, ohne dass Sie vom Versicherer darüber informiert werden.
☐	☐	Prüfen Sie, ob die Behebung von Zahnschäden nach einem Unfall bis zur Volljährigkeit des Kindes möglich ist. Meist ist eine Behebung derartiger Schäden erst nach einigen Jahren sinnvoll oder möglich. Aufgrund von Fristen in den Bedingungen (für Unfallkosten) kann der Versicherer hier unter Umständen die Leistung verweigern.

Checkliste 9: Rechtsschutzversicherung

Ein Rechtsstreit kann zu hohen Kosten führen, besonders dann, wenn er vor Gericht ausgetragen werden muss. Je nach Art des Falls und des Streitwerts sind die Kosten für Anwälte und Gericht unterschiedlich. Eine Rechtsschutzversicherung übernimmt die Kosten für Rechtsanwälte und Sachverständige. Im Fall einer Prozessniederlage sind auch die Kosten der Gegenseite zu tragen. Je nach Vertrag werden Rechtsschutzpakete für verschiedene berufliche oder private Lebensbereiche angeboten. Aber: Nicht alle Streitigkeiten sind versicherbar, achten Sie auf die für Sie relevanten Bereiche.

Ja	Nein		
		Welche Rechtsbereiche möchte ich absichern und sollen auch Partner und Kinder eingeschlossen sein? Im Groben lässt sich zwischen Kfz-Rechtsschutz und Privatrechtsschutz unterscheiden, dazu kommt noch der kleinere Bereich Lenker-Rechtsschutz. Überlegen Sie, welche Bausteine für Sie wichtig sind und welche Risiken abgedeckt werden sollen.	
		Fahrzeug-Rechtsschutzversicherung/Verkehrsrechtsschutz (bezieht sich auf ein oder mehrere in der Polizze angeführte Fahrzeuge)	
☐	☐	Allgemeiner Schadenersatz-Rechtsschutz Zur Geltendmachung von Schadenersatzansprüchen wegen eines Personen-, Sach- oder Vermögensschadens.	Beispiel: Sie erleiden bei einem Unfall eine Verletzung und wollen Schadenersatz vom Unfallgegner.
☐	☐	Allgemeiner Straf-Rechtsschutz Für die Verteidigung in Strafverfahren vor Gerichten oder Verwaltungsbehörden wegen fahrlässiger strafbarer Handlungen und Unterlassungen oder der Übertretung von Verkehrsvorschriften.	Beispiel: Bei einem Verkehrsunfall wird Ihr Unfallgegner oder Beifahrer verletzt.
☐	☐	Führerschein-Rechtsschutz Vertretung im Verfahren wegen Entziehung und Wiederausfolgung der Lenkerberechtigung im Sinne des Kraftfahrgesetzes	Beispiel: Wegen Geschwindigkeitsübertretung im Ortsbereich droht der Führerscheinentzug.
☐	☐	Fahrzeug-Vertrags-Rechtsschutz Zur Wahrnehmung rechtlicher Interessen aus Verträgen, die das versicherte Fahrzeug, Anhänger, Ersatzteile und Zubehör betreffen.	Beispiel: An Ihrem neuen Wagen treten Mängel auf, die trotz mehrmaliger Reklamation nicht behoben werden.
		Lenker-Rechtsschutz (als Lenker eines fremden Fahrzeugs)	
☐	☐	Beinhaltet Schadenersatz- und Strafrechtsschutz sowie Führerscheinrechtsschutz eingeschränkt auf die Geltendmachung von Ersatzansprüchen und Strafverteidigung als Lenker eines fremden Fahrzeuges.	Beispiel: Sie fahren mit dem Dienstauto und werden bei einem Unfall verletzt. Der Versicherer unterstützt Sie bei der gerichtlichen Durchsetzung eines Schadenersatzes.
		Allgemeiner Schadenersatz- und Straf-Rechtsschutz	
☐	☐	Schadenersatz-Rechtsschutz Geltendmachung von Schadenersatzansprüchen wegen eines Personen-, Sach- oder Vermögensschadens.	Beispiel: Ihr Kind wird auf dem Weg zur Schule von einem Auto angefahren und verletzt.
☐	☐	Straf-Rechtsschutz Verteidigung in Strafverfahren vor Gerichten oder Verwaltungsbehörden wegen fahrlässiger strafbarer Handlungen und Unterlassungen oder der Übertretung von Verkehrsvorschriften.	Beispiel: Sie stoßen auf der Skipiste mit einem anderen zusammen und verletzen ihn schwer. Der Versicherer übernimmt die Verteidigungskosten.
☐	☐	Beratungs-Rechtsschutz Übernimmt die Kosten für eine mündliche Rechtsauskunft einmal pro Monat, ausgenommen Steuer-, Zoll- und sonstiges Abgabenrecht, durch einen vom Versicherer ausgewählten Rechtsanwalt oder Notar.	Beispiel: Sie zweifeln die Rechtmäßigkeit der letzten Mieterhöhung an. Oder: Sie haben Probleme mit den Nachbarn.

Ja	Nein		
☐	☐	Allgemeiner Vertragsrechtsschutz Zur Wahrnehmung rechtlicher Interessen aus schuldrechtlichen Verträgen über bewegliche Sachen sowie aus Reparatur- und sonstigen Werkverträgen des Versicherungsnehmers über unbewegliche Sachen. Dieser Baustein ist besonders gefragt, hier gibt es allerdings unter den Anbietern erhebliche Unterschiede bei Deckungen und Ausschlüssen. Außerdem ist er nur im Rahmen vorgegebener Modelle oder mit mindestens zwei anderen Bausteinen abschließbar.	Beispiele: Als Käufer eines Möbelstücks müssen Sie Gewährleistungsansprüche gerichtlich geltend machen. Oder: Ihr gebuchter Urlaub erfüllt nicht die im Prospekt versprochenen Leistungen, da sich die Flugzeit um zehn Stunden verschoben hat und der Hotelpool unbenutzbar war. Mit Hilfe eines Anwalts fordern Sie Reisekosten zurück.
☐	☐	Arbeitsgerichts- und Sozialversicherungsrechtsschutz Bei Streitigkeiten aus einem Arbeits- oder Lehrverhältnis vor dem Arbeitsgericht, für Gerichtsverfahren wegen Streitigkeiten mit Sozialversicherungsträgern über Beitragszahlungen, Zuschläge usw.	Beispiele: Sie erhalten Ihr Gehalt nur unregelmäßig, unvollständig oder gar nicht. Oder: Sie erhalten für Ihr Kind in der Ferienzeit keine Familienbeihilfe mehr, obwohl es nach dem Zivildienst seine Ausbildung fortsetzt. Mit Hilfe eines Anwalts können Sie berechtigte Forderungen beim Arbeitgeber oder Sozialversicherungsträger geltend machen.
☐	☐	Rechtsschutz für Grundstückseigentum und Miete Umfasst die Wahrnehmung von Interessen aus Wohnungseigentum sowie die Geltendmachung von Schadenersatzansprüchen, die aus der Beschädigung des versicherten Objekts entstehen.	Beispiel: Als Mieter einer Wohnung sind Sie der Meinung, dass Ihre Miethöhe nicht den gesetzlichen Richtlinien entspricht. (Sind Sie Mitglied einer Mietervereinigung, können Sie sich diesen Baustein eventuell sparen.)
☐	☐	Rechtsschutz aus Erb- und Familienrecht Für Streitigkeiten aus dem Bereich des Erbrechts, der Rechte zwischen Kindern und Eltern, des Eherechts sowie des Obsorgerechts.	Beispiel: Sie gehen mittels Klage gegen Verwandte oder eine Bekannte des verstorbenen Vaters vor, die Erbschaftsansprüche erheben.
☐	☐	Ist die Versicherungssumme jeweils ausreichend hoch? Übernommen werden Kosten maximal bis zur Höhe der Versicherungssumme, welche je nach Versicherer sehr unterschiedlich ist.	
☐	☐	Brauchen Sie auch beruflich einen bestimmten Rechtsschutz (z.B. Haftung als Selbstständiger)? Für Streitigkeiten und Ansprüche, die sich aus der Berufsausübung ergeben, wird ein eigener Berufs-/Betriebsrechtsschutz angeboten.	
☐	☐	Sind bestimmte Risiken des persönlichen und beruflichen Lebens bereits durch Mitgliedschaften oder andere Verträge abgesichert? Manche Mitgliedschaften oder Verträge bieten auch eine gewisse Absicherung bei Rechtsstreitigkeiten, beispielsweise ein Autofahrerclub im Kfz-Bereich, eine Mietrechtsorganisation bei Mietfragen, Gewerkschaft oder Arbeiterkammer bei Arbeitsrechtsfragen.	

Checkliste 10: Reiseversicherung

Die Reiseversicherung ist in vier Bausteine untergliedert, die einzeln, in Kombination oder als Gesamtpaket abschließbar sind: Auslandsreisekrankenversicherung, Reiseunfallversicherung, Reisegepäckversicherung und Reisestornoversicherung. Gedeckt sind je nach den gewählten Bausteinen Folgekosten bei Erkrankung oder Unfall am Urlaubsort, Verlust des Reisegepäcks sowie Storno oder Abbruch einer Reise.

Ja	Nein	
		Haben Sie bereits Versicherungen, die auf Reisen Schutz bieten, zum Beispiel
☐	☐	• eine private Haftpflichtversicherung,
☐	☐	• eine Haushaltsversicherung,
☐	☐	• eine private Unfallversicherung,
☐	☐	• eine private Krankenversicherung,
☐	☐	• Versicherungsschutz über eine Kreditkarte,
☐	☐	• Versicherungsschutz über Mitgliedschaften bei Autofahrerclubs, Vereinen etc.?
		Sehen Sie sich jeweils an, unter welchen Voraussetzungen diese Versicherungen wirksam werden: bei Kreditkarten z.B. nur, wenn die Reise/das Mietauto usw. vollständig damit bezahlt wurde; bei Vereinsversicherungen nur bei Schadensfällen im Rahmen von Vereinsaktivitäten.
☐	☐	Gibt es geografische Beschränkungen, z.B. gültig nur in Österreich oder in Europa?
☐	☐	Gibt es Ausschlüsse und Einschränkungen von Leistungen, die Ihnen wichtig wären? Kreditkarten-Unfallversicherungen z.B. können auf Unfälle in öffentlichen Verkehrsmitteln beschränkt sein und bieten oft nur niedrige Deckungssummen.
☐	☐	Sind der mitreisende Partner und Kinder bei den oben genannten Versicherungen auch auf Reisen mitversichert? Manchmal gelten für Mitversicherte geringere Versicherungsleistungen, etwa bei manchen Kreditkartenversicherungen oder bei der privaten Unfallversicherung.
☐	☐	Für welche Risiken hätten Sie gern oder brauchen Sie unbedingt Versicherungsschutz? Meist werden einzelne Module (Storno, Unfall und Krankheit, medizinisch notwendiger/sinnvoller Rücktransport, Gepäck usw.) oder Pakete mit mehr oder weniger Umfang angeboten.
☐	☐	Haben Sie im Urlaubsland Versicherungsschutz mit Ihrer e-card? Informieren Sie sich im Vorfeld darüber, wie es um die medizinische Versorgung und Infrastruktur an Ihrem Reiseziel bestellt ist (Stichwort „Rücktransport"). Bei fixen Urlaubsdestinationen: Wo ist der nächste Arzt? Auch in EU-Ländern wie Griechenland oder in Staaten mit zwischenstaatlichen Abkommen wie der Türkei oder Serbien kann es passieren, dass Sie mit der e-card bzw. dem Urlaubskrankenschein nicht weit kommen.
☐	☐	Ist der Abschluss der Versicherung an eine bestimmte Frist gebunden? Reisestornoversicherungen müssen oft am selben Tag wie die Reisebuchung abgeschlossen werden.
☐ .... % oder .... € pro Schadensfall	☐	Gibt es einen Selbstbehalt und wie hoch ist er? Bei hohem Selbstbehalt lohnt sich z.B. eine Gepäckversicherung oder – je nach den Kosten der Reise – auch eine Stornoversicherung möglicherweise gar nicht mehr.
☐	☐	Fahren Sie öfter ins Ausland? Dann ist eine Jahres-Reiseversicherung wahrscheinlich günstiger, als jeweils einzelne Polizzen abzuschließen.
☐	☐	Sind in eigenen Reiseversicherungspaketen Lebenspartner und Kinder mitversichert? In Familienpaketen sind oft auch mitreisende Freunde der eigenen Kinder versichert.

Checkliste 11: Kfz-Versicherung

In der Kfz-Versicherung gibt es grundsätzlich drei Produktvarianten, die in ihrem Deckungsumfang unterschiedlich weit reichen: Kfz-Haftpflicht, Kfz-Teilkasko und Kfz-Vollkasko. Während der Abschluss einer Kfz-Haftpflichtversicherung gesetzlich vorgeschrieben ist, ist der Abschluss einer Kaskoversicherung freiwillig. Es gibt eine Reihe von Rabatten und Zuschlägen, dem Vertrag liegt üblicherweise das Bonus-Malus-System zugrunde.

Ja	Nein	
		Wie hoch ist die Versicherungssumme in der Kfz-Haftpflichtversicherung? .... €
☐	☐	Liegt sie über der erforderlichen Mindestdeckung? Die gesetzliche Mindestversicherungssumme beträgt 7,6 Mio. Euro. Größere Schäden sind sehr selten, kommen jedoch vor und können existenzgefährdend sein. Der Prämienzuschlag für hohe Versicherungssummen ist in der Kfz-Haftpflichtversicherung sehr gering, daher ist die Wahl einer hohen Versicherungssumme empfehlenswert.
☐	☐	Lässt sich die Nutzung des Fahrzeugs auf bestimmte Personen beschränken? Unter Umständen gibt es bei bestimmten Personengruppen einen zusätzlichen Selbstbehalt in der Kfz-Haftpflicht- oder Kaskoversicherung – z.B. bei jungen Lenkern. Ist die Nutzung auf einen bestimmten Personenkreis beschränkt (z.B. Versicherungsnehmer und dessen Ehepartner), gibt es unter Umständen Prämiennachlässe.
☐	☐	Enthält die Polizze einen Freischadenbonus? In dem Fall erhöht sich die Prämie nach dem ersten Unfall nicht. Sie bleiben weiterhin in derselben Stufe, es erfolgt keine Umreihung in Richtung Malus.
☐ bis zu ...... % oder .... € pro Schadensfall	☐	Sind Selbstbehalte angeführt, und wenn ja, in welcher Höhe? Wie würden sie sich auf die Prämie auswirken? Es gibt sowohl bei der Kfz-Haftpflicht als auch bei der Kaskoversicherung Verträge mit Selbstbehalten bzw. Schadenersatzbeitrag. Diese zieht die Versicherung im Schadensfall von ihrer Leistung ab, sofern der Schaden die Höhe des Selbstbehalts übersteigt – andernfalls muss man den Schaden zur Gänze selbst bezahlen. Grundsätzlich gilt: Je höher der Selbstbehalt, desto günstiger die laufende Prämie. Haben Sie aber erfahrungsgemäß häufig kleinere Schäden, kommt es im Laufe der Jahre teuer, alle aus eigener Tasche zu begleichen.
☐	☐	Ist eine „vorläufige Deckung" in der Kaskoversicherung vereinbart? Grundsätzlich kommt der Versicherungsvertrag erst mit Zusendung der Polizze zustande. In der Kfz-Haftpflichtversicherung besteht ab Anmeldung des Fahrzeugs Versicherungsschutz, weil eine Versicherungsbestätigung bei der Zulassungsstelle hinterlegt werden muss. In der Kaskoversicherung benötigen Sie für einen früher beginnenden Versicherungsschutz (z.B. ab Übernahme des Fahrzeugs) unbedingt eine Bestätigung vom Versicherer über die sogenannte „vorläufige Deckung". Andernfalls haben Sie für die Kaskoversicherung keinen Versicherungsschutz.
☐	☐	Sind in der Kaskopolizze der Listenneupreis und die Sonderausstattung korrekt angegeben? Beachten Sie, dass der Neupreis ausschlaggebend ist und Rabatte des Fahrzeughändlers nicht berücksichtigt werden dürfen. Sind die Werte nicht korrekt angegeben, droht Unterversicherung. Der Versicherer kann im Schadensfall die Leistung kürzen.
....		Bis zu welchem Alter des Fahrzeugs oder bis zu welchem in der Polizze genannten Termin wird vom Kaskoversicherer der Neuwert des Fahrzeugs ersetzt und nicht nur der Wiederbeschaffungswert?
☐	☐	Sind in der Kaskoversicherung grob fahrlässig herbeigeführte Versicherungsfälle zu 100 % mitversichert? Ohne eine entsprechende Erweiterung ist der Versicherer bei grob fahrlässig herbeigeführten Versicherungsfällen leistungsfrei. Das bedeutet oft unangenehme Diskussionen im Schadensfall, ob grobe Fahrlässigkeit im konkreten Fall vorliegt oder nicht.
☐ ☐ ☐	☐ ☐ ☐	Achten Sie bei Abschluss einer Kaskoversicherung darauf, welche Variante Sie wählen. Die Varianten unterscheiden sich in Deckungsumfang und Prämie teils erheblich: • Sind Glasschäden in der Teilkasko-Polizze gedeckt? • Sind Parkschäden und Vandalismus gedeckt (eher in der Stadt erforderlich)? • Sind Schäden durch Tiere (nicht nur Marder oder Haarwild wie Rehe, sondern auch durch Fasane und Haustiere) gedeckt (eher für auf dem Land lebende Versicherte relevant)? Die Teilkaskoversicherung deckt bestimmte benannte Gefahren (Naturgewalten, Diebstahl, Wildschaden, ...). Je nach Variante deckt die Teilkaskoversicherung auch Schäden aufgrund eines Parkschadens oder eines Vandalismus. Nur die Vollkaskoversicherung zahlt auch bei Schäden durch einen (auch selbstverschuldeten) Unfallschaden am eigenen Fahrzeug.
☐	☐	Haben Sie einen Anhänger? Dann sollte der Versicherer sogenannte „Betriebsschäden" decken. Verkeilt sich beispielsweise der Anhänger im Fahrzeug und kommt es dadurch zu einer Beschädigung des Fahrzeugs, ist höchstgerichtlich noch nicht geklärt, ob die Vollkaskoversicherung leisten muss. Mit dieser Erweiterung sind Sie für diesen Fall auf der sicheren Seite.

Checkliste 12: Private Zusatzkrankenversicherung

Der Abschluss einer privaten Zusatzkrankenversicherung dient als Ergänzung zur Sozialversicherung und bietet je nach gewähltem Tarif Leistungen für eine freie Arztwahl, die Kostenübernahme für die Unterbringung in der Sonderklasse, für Privatärzte oder alternative Therapien oder auch die Auszahlung eines Taggelds bei Spitalsaufenthalten. Der Abschluss einer privaten Zusatzkrankenversicherung ist meist eine langfristige Entscheidung. Es gibt auch günstigere Einstiegsmöglichkeiten über Optionstarife für junge Leute oder eine Gruppenversicherung über den Arbeitgeber.

Ja	Nein	
................€		**Wie oft gehen Sie zum Allgemeinmediziner, wie oft zu Fachärzten?** **Wie viel haben Sie dafür pro Jahr ausgegeben?** Durch die gewählten Tarife bzw. Leistungen sollten die bisherigen Ausgaben pro Kalenderjahr abgedeckt werden.
		Welche Bereiche möchten Sie absichern? Tarife und Optionen sind vielseitig und unüberschaubar. Soll „nur" der Aufenthalt im Krankenhaus in der Sonderklasse versichert werden oder auch der Besuch beim Privatarzt?
☐	☐	**Gibt es bei den nachfolgend angeführten Tarifen Leistungslimits?** Die Obergrenzen können pro Leistungsart (z.B. Arzneimittel, Heilbehelfe) oder in Form einer Gesamtsumme angegeben sein.
☐	☐	**Möchten Sie eine Sonderklasseversicherung für den Krankenhausaufenthalt abschließen?** **Anteilsmäßige Kostenübernahme oder Jahresobergrenze** Freie Arztwahl und Aufenthalt in der Sonderklasse Ein- oder Mehrbettzimmer je nach Tarif. Auch Kostenübernahme für die Begleitung von Kindern oder das Einholen einer ärztlichen Zweitmeinung sind möglich.
bis .... €		
☐	☐	**Wäre ein Selbstbehaltstarif eine Option?** **Wie viel Selbstbeteiligung pro Jahr?** Spart Prämie. Je höher der Selbstbehalt, desto größer die Ersparnis. Der Selbstbehalt fällt meist nur einmal pro Jahr an.
bis .... €		
☐	☐	**Möchten Sie den Sonderklassetarif nach einem Unfall?** Der Aufenthalt in der Sonderklasse wird nur nach einem Unfall übernommen, nicht aber im Krankheitsfall. Das macht die Prämie deutlich günstiger.
☐	☐	**Möchten Sie den Privatarzttarif/Ambulanzkostentarif abschließen?** **Anteilsmäßige Kostenübernahme oder Jahresobergrenze** Ersetzt Kosten für den Besuch eines Privatarztes oder einer Ambulanz. Hier gibt es die Wahlmöglichkeit hinsichtlich eingeschlossener Leistungen und Höhe der jährlichen Kostenübernahme. Je höher das jährliche Limit, desto teurer.
bis .... €		
☐	☐	**Brauchen Sie einen Zahntarif?** **Anteilsmäßige Kostenübernahme oder Jahresobergrenze** Ersetzt die anteiligen Kosten von Zahnbehandlungen bis zu einem festgelegten Jahreslimit.
bis .... €		
☐	☐	**Wäre zum Einstieg ein Optionstarif für die nächsten Jahre überlegenswert?** Ermöglicht ein Upgrade zu einem Volltarif bis zu einem bestimmten Lebensalter ohne neue Gesundheitsprüfung. Damit sichern Sie sich die Option auf einen Volltarif ohne neue Gesundheitsprüfung und zahlen bis zu einem vorgegebenen Lebensalter deutlich weniger.

Ja	Nein	
☐	☐	Besteht die Möglichkeit einer Gruppenversicherung? Wird Arbeitnehmern gemeinsam als Gruppe angeboten. Familienmitglieder können oft zu günstigen Konditionen mitversichert werden. Scheidet die versicherte Person aus der Gruppe aus, z.B. weil sie den Job wechselt, muss vom Versicherer ein (teurerer) Einzelvertrag angeboten werden.
☐ bis .... €	☐	Brauchen Sie eine Auslandsreisekrankenversicherung? Anteilsmäßige Kostenübernahme oder Jahresobergrenze Wer öfter pro Jahr verreist, ist mit einem Jahresvertrag vielleicht besser dran – und braucht zudem nicht vor jeder Reise einen geeigneten Versicherungsschutz suchen.
☐ bis .... €	☐	Krankenhaus-Tagegeldversicherung Anteilsmäßige Kostenübernahme oder Jahresobergrenze Für jeden Tag Krankenhausaufenthalt gibt es einen vorab vereinbarten Betrag.
☐ bis .... €	☐	Möchten Sie ein Wellnesspaket in Anspruch nehmen? Anteilsmäßige Kostenübernahme oder Jahresobergrenze Wird als teurer Zusatz angeboten und beinhaltet einen Wellnessaufenthalt, Vorsorgeuntersuchungen oder ermäßigte Mitgliedschaften in Fitnessstudios.
☐	☐	Ist eine Prämienrückgewähr vorgesehen? Wird angeboten, wenn über einen bestimmten Zeitraum (meist ein Jahr) keine Leistung in Anspruch genommen wird, und beträgt ca. zwei bis drei Monatsprämien.
☐	☐	Möchten Sie Kinder extra absichern? Vielleicht ist die Zusatzkrankenversicherung für die ganze Familie zu teuer oder kommt wegen Vorerkrankungen der Eltern nicht mehr in Betracht. Kinder können auch alleine versichert werden.
		Gilt der Bundeslandtarif oder österreichweiter Schutz? Der Österreichtarif ist der teuerste, ermöglicht aber die Kostenerstattung auch in einer teuren Spezialklinik. Wer einen (günstigeren) Tarif für ein Bundesland abgeschlossen hat, erhält auch nur dort die Kosten ersetzt.
☐	☐	Haben Sie Vorerkrankungen? Der Gesundheitszustand wird vor Abschluss erhoben. Überlegen Sie, welche Erkrankungen in den letzten fünf bis zehn Jahren aufgetreten sind. Keinesfalls Vorerkrankungen verschweigen, das kann dazu führen, dass der Versicherer im Schadensfall nicht leisten muss.
		Wie lange sind die allgemeinen bzw. besonderen Wartezeiten? Üblich sind neun Monate, sie kann aber auch (zum Beispiel bei Schwangerschaft) auf sieben Monate reduziert werden.

Musterbrief: Schadensmeldung

Max Mustermann
Musterstraße 1
0000 Musterstadt
Tel. 000/000
E-Mail xxx@xxx.xx

Ort, Datum

Anschrift der Versicherung

Polizzennummer ....

Schadensmeldung

Sehr geehrte Damen und Herren,
hiermit möchte ich Ihnen mitteilen, dass am .... (Datum) in meiner Wohnung/in meinem Eigenheim/auf meinem Grundstück/an meinem Fahrzeug/während meiner Reise folgende Schäden eingetreten sind:

(Beschreibung, wo und wie der Schaden eingetreten ist)
....
....

(Beschreibung von Art und Umfang des Schadens, Auflistung beschädigter/gestohlener Gegenstände)
....
....

Bei den hier angeführten Schäden handelt es sich um eine vorläufige Bestandsaufnahme. Eine detaillierte Schadensauflistung wird so rasch wie möglich nachgereicht. Ich bitte um Kontaktaufnahme eines Ihrer Mitarbeiter, um die weitere Vorgangsweise zu besprechen. Weiters bitte ich um eine Bestätigung des Eingangs der Schadensmeldung an die oben angeführte Mail-/Postanschrift.

Mit freundlichen Grüßen

....
Unterschrift

Musterbrief: Widerspruch gegen Ablehnung der Schadensübernahme

Max Mustermann
Musterstraße 1
0000 Musterstadt
Tel. 000/000
E-Mail xxx@xxx.xx

Ort, Datum

Anschrift der Versicherung

Polizzennummer ....

Widerspruch gegen Ablehnung der Schadensübernahme

Sehr geehrte Damen und Herren,
die Ablehnung der Schadensübernahme vom .... ist für mich nicht nachvollziehbar. Nach erneuter detaillierter Prüfung der oben angeführten Polizze meinerseits weise ich darauf hin, dass der fragliche Gegenstand/Schaden unter Punkt XX als versichert angeführt ist und daher für Sie eine Leistungspflicht besteht.

Ich ersuche daher um neuerliche Überprüfung des am .... (Datum) von mir gemeldeten Schadens und umgehende Erstattung auf mein Konto
IBAN ....

Mit freundlichen Grüßen

....
Unterschrift

Musterbrief: Kündigung des Versicherungsvertrages

Max Mustermann
Musterstraße 1
0000 Musterstadt
Tel. 000/000
E-Mail xxx@xxx.xx

Ort, Datum

Anschrift der Versicherung

Polizzennummer ....

Kündigung des Vertrags

Sehr geehrte Damen und Herren,

mit diesem Schreiben kündige ich den oben genannten Vertrag zum nächstmöglichen Zeitpunkt.
Bitte senden Sie mir eine Kündigungsbestätigung an die oben angeführte Postanschrift.

Mit freundlichen Grüßen

....
Unterschrift

Weitere KONSUMENT-Bücher
im Buchhandel oder im Online-Shop auf www.konsument.at

Wir heiraten! Das KONSUMENT-Hochzeitsbuch

Der Entschluss, einander das „Ja"-Wort zu geben, ist nicht nur ein emotionaler Moment, sondern auch mit vielen rechtlichen und praktischen Fragen verbunden. Wie verbindlich ist eine Verlobung? Was ist eine eingetragene Partnerschaft? Was bedeutet Heirat im juristischen Sinn? Wann ist ein Ehevertrag sinnvoll? Welche Möglichkeiten sieht das Namensrecht für Eltern und Kinder vor? Dieses Buch begleitet durch die aufregende Zeit der Vorbereitungen, gibt Einblick in Hochzeitsbräuche und Anregungen für die Planung der Feierlichkeiten. Nicht zuletzt ist dabei auch das Budget im Auge zu behalten. Checklisten helfen in jeder Phase, den Überblick zu behalten, Behördenwege effizient zu erledigen und wirklich an alles zu denken. Etwa auch an das Umschreiben von Verträgen, die Vorsorge für den Partner zu klären oder die Versicherungen für die neue Lebenssituation zu optimieren. Das Buch ist somit ein ideales Geschenk für Brautleute und alle, die an der Organisation einer Hochzeit mitwirken.

broschiert, 128 Seiten, € 19,90
ISBN 978-3-99013-098-8
www.konsument.at/wirheiraten

Todesfall regeln. Das KONSUMENT-Buch für Angehörige

Die Tage nach einem Sterbefall im Kreis der Familie beschreiben viele Angehörige als Zustand der Trance. Es gibt keine Wahl: Man hat „zu funktionieren", neben dem Verlust ist so viel zu erledigen. In dieser Phase braucht es auch Unterstützung in ganz praktischen Dingen und Anleitung zu strukturierter Vorgangsweise. Genau das leistet dieses Buch. Es hilft, in einer emotional belastenden Situation möglichst klaren Kopf zu bewahren. Woran ist zu denken? Was ist wie zu erledigen? Welche Fristen sind wichtig? Mit vielen Ratschlägen, Checklisten und Musterbriefen begleitet Sie dieses Buch Schritt für Schritt durch eine Zeit, die für alle Menschen eine große Bewährungsprobe ist.

broschiert, 152 Seiten, € 19,90
ISBN 978-3-99013-089-6
www.konsument.at/todesfallregeln

Weitere KONSUMENT-Bücher
im Buchhandel oder im Online-Shop auf www.konsument.at